BIANCA
HÖLTJE

Wir brauchen eine
NEUE
SCHULE

Ein praktischer Wegweiser
für individuelle und kindgerechte Bildungsformen

Bianca Höltje
»Wir brauchen eine neue Schule – Ein praktischer Wegweiser für individuelle und kindgerechte Bildungsformen«

Umschlaggestaltung & Satz: Beate B. Köhler
Umschlagfotos: Bianca Höltje
Lektorat: Anke Schenker, Nicole Sutter
Korrektorat: Dr. Ilka Wonschik
Herstellung: Robert B. Osten

Printed in Germany

1. Auflage 2023
ISBN 978-3-98584-242-1

www.klarsicht-verlag.de

Inhalt

Eine Frage der Gleichberechtigung

Zur besseren Lesbarkeit verwende ich das generische Maskulinum. Die Personenbezeichnungen schließen alle Menschen mit ein. Klaus Bärbel ist männlich, weiblich oder divers. Ich lebe Inklusion und führe keine Genderdiskussion. Taten statt Worte. Der Anteil der weiblichen Lehrkräfte an allgemeinbildenden Schulen lag im Schuljahr 2021/2022 bei 73,4 Prozent.[1]

Gefährdungsbeurteilung für Lehrkräfte

Vielleicht sollten Sie das Buch wieder weglegen. Es könnte nämlich sein, dass es nichts für Sie ist. Glauben Sie mir nicht? Dann machen wir einen Test. Zur Sicherheit:
Stimmen Sie den folgenden Aussagen zu?
→ An den Schulen besteht ein dringender Reformbedarf.
→ Ich ärgere mich oft über die Kollegen und mich selbst.
→ Mich würde interessieren, wie ich anders arbeiten könnte.
→ Ich bin aufgeschlossen und interessiert.

Wenn Sie allen vier Aussagen zustimmen, könnte es sein, dass die Lektüre doch etwas für Sie ist.

---

1   Vgl. https://de.statista.com/statistik/daten/studie/1129852/umfrage/frauenanteil-unter-den-lehrkraeften-in-deutschland-nach-schulart/ (abgerufen am 14.03.2023)

Gebrauchsanweisung

Wenn Sie dieses Buch lesen, erkennen Sie sich in meiner Geschichte vielleicht wieder und die Kulturelle Schule inspiriert Sie. Sollten Sie sich bei dem Gedanken »Ich will etwas ändern!« erwischen, dann tun Sie es auch! Dieses Buch beinhaltet die Aufforderung, ins Handeln zu kommen. Ich möchte Sie ermutigen! Sie als Eltern verändern dadurch vielleicht Ihre Sichtweise auf Ihr Kind. Sie sind eventuell Lehrer und sehen auf einmal die Kinder in Ihrer Klasse mit anderen Augen. Vielleicht planen Sie sogar eine neue Schule. Diese Veränderungen wären alle ein Erfolg und gäben diesem Buch einen Sinn.

Ich danke dem Schöpfer für mein Leben.

Ich danke meiner Tochter dafür, dass sie mir zeigt, wie ein Mensch sein könnte, wenn es mehr Vertrauen, Respekt und Liebe unter den Menschen geben würde.

Ich danke meinem Mann, der mich mehr schätzt als sich selbst. Ich danke ihm ebenfalls für seinen Beistand, weil er sich selbst immer vertraut.

Ich danke der Natur für die Schönheit dieser Welt und den Tieren für ihr Geschenk der Freude.

Ich danke allen anständigen Menschen und auch den unanständigen, wenn durch sie auch etwas Gutes entstanden sein sollte, denn das ist manchmal keine einfache Aufgabe.

Wir sollten das Leben und seine Wunder achtsam betrachten. Dann müssten wir nicht einmal DANKE sagen.

Vorwort

Ein Pinguin hat einen dicken Bauch, kleine Flügel und kurze Stummelbeine mit Füßen dran. Er watschelt hin und her, wirkt unbeholfen und kommt nur langsam voran. Der Pinguin ist an Land sehr ungeschickt. Für Fortbewegung bekommt er eine Fünf ins Zeugnis. Im Wasser dagegen schwimmt er wendig, gewitzt und schnell. Das ist sein Element. Nun würde er eine Eins für die Fortbewegung bekommen.

Die Bewertungskriterien sind gleich geblieben und der Pinguin ist auch noch derselbe, aber die Note ist eine ganz andere. Das Gleiche passiert in der Schule. Unsere Kinder bringen Lernfreude und ein hohes Maß an Begabungen mit. Jedes Kind ist anders und braucht eine andere Ansprache. So wie man einen Pinguin niemals ausschließlich anhand seiner Fortbewegung an Land beurteilen darf, so sollte man es auch vermeiden, Kinder nur anhand ihrer schulischen Leistungen zu beurteilen. Warum muss jedes Kind in Mathe, Deutsch, Musik, Kunst und Religion(!) bewertet werden? Ist es nicht viel wichtiger, die Bedingungen so anzupassen, dass sich jedes Kind entfalten kann? Kommt die staatliche Schule dieser Verpflichtung nach? Wie sieht es mit dem Erziehungs- und Bildungsauftrag aus? Wird die Schule den Kindern von heute gerecht? Die Schule gehört auf den Prüfstand, aber noch mehr die Lehrer und die Schulleitungen.

Viele Eltern wollen ihre Kinder abmelden und in Lerngruppen selbst ausbilden, weil sie kein Vertrauen mehr in das staatliche Bildungssystem haben. Deutschland hat aber eine Präsenzpflicht für Schüler, anders als in Österreich oder Frankreich, wo nur eine Bildungspflicht vorgeschrieben ist. Wie kann diese neu entstandene Elternbewegung genutzt werden, um die Schulen zu reformieren?

Corona hat uns gezeigt, dass es in der Schule nie um Kinder ging. Kinderrechte sind im Vergleich zu den Belangen der Erwachsenenwelt nicht so wichtig. Niemand hat die Kinder im Coronajahr 2020/21 gefragt, wie es ihnen geht. Kinder haben keine Lobby. Ich habe es gewagt, mich auf die Seite der Kinder zu stellen, und habe erfahren müssen, dass es nicht erwünscht war. Schulleitung und öffentliche Statements, das passte nicht zusammen. Jedenfalls nicht, wenn es um die Kritik an den schulischen Hygienemaßnahmen der Regierung ging. Diese Geschichte möchte ich nun erzählen. Ich kenne viele großartige Lehrer und Schulleitungen, die ein wirkliches Interesse an guter Grundschularbeit haben. Es gibt diese kreativen und selbst denkenden Lehrer, die mehr sind als Beamte. Sie wollen eine Schule der Zukunft etablieren, die kindgerecht ist und sich am Leben orientiert. Aber wie sieht diese Schule im Detail aus? Wie muss ein Lernort sein, damit er kindgerecht ist? Was müssen wir an der Regelschule ändern?

Meine eigene Schulzeit, 20 Jahre Dienst in der Staatsschule als Lehrerin und Rektorin und meine Erfahrungen als Begleiterin von Schulgründungsinitiativen haben meinen Blick auf Schule und Schüler verändert und eine Vision entstehen lassen. Die deutsche Schule sollte pädagogisiert werden. Der Schüler sollte wieder Dreh- und Angelpunkt werden, nicht die Kompetenzen im Vergleich mit anderen europäischen Ländern und auch nicht der Lehrer als Beamter im Dienst.

Im Folgenden habe ich mich bemüht, ausschließlich die männliche Schreibweise zu verwenden. Das ist mir in Teilen sehr schwergefallen, bin ich es doch gewohnt, immer von Schülern und Schülerinnen zu sprechen. Das ist meine Antwort auf die allgegenwärtige Genderdiskussion.

Aber sind wir Frauen nicht eigentlich das stärkere Geschlecht? Das Wort *Schüler* verstehe ich nicht als Reduzierung unserer Kinder, sondern als ihre Rolle im System Schule. Meinem Verständnis nach sind Kinder viel mehr. Denkbar wäre auch, das Wort *Kinder* durch *kleine Menschen* zu ersetzen, wie Bertrand Stern es vorschlägt. Ich denke, Kinder sind die besseren Menschen. Wir sollten sie als etwas Besonderes achten, um von ihnen zu lernen. Denn wir Erwachsenen haben die Welt zu dem Ort gemacht, der uns heute oft Angst macht und uns zeigt, dass es so nicht weitergeht.

Dieses Buch richtet sich an Menschen, die bereit sind oder schon über die Fähigkeit verfügen, sich und die Gegebenheiten zu hinterfragen. Es setzt Veränderungsbereitschaft und die Übernahme von Verantwortung voraus. Nutzen wir die Chance dieser Zeit!

Sie wollen das Beste für Ihr Kind? Gut, dann tun Sie etwas dafür! Kleine Kinder wollen nicht nach Mexiko fliegen, sie wollen mit ihren Eltern draußen spielen. Kinder wollen lieber Quatsch machen, als vor dem Fernseher sitzen. Kinder wollen nicht hören, dass sie sich erkälten könnten, wenn sie die Füße in das kalte Wasser eines Baches halten. Sie wollen hineinfallen können, weil es nicht schlimm wäre und die Eltern ihnen lachend wieder auf die Beine helfen würden. Ein Kinderleben muss frei und fröhlich sein!

Liebe Leser, machen Sie Ihr Herz auf und seien Sie ehrlich zu sich selbst. Wir alle sind Lernende. Machen wir uns gemeinsam auf den Weg, Schule anders zu denken. Für unsere Kinder und als Chance für uns Erwachsene.

Im Jahr 2020 habe ich eine Befragung mit dem Titel »Deine Traumschule« durchgeführt. Kinder aus ganz Deutschland haben ihre Traumschule gezeichnet oder ihre Wünsche aufgeschrieben. Die Antworten der Kinder und meine Erfahrungen, die ich über Jahrzehnte im Bereich Schule sammeln konnte, bilden die Grundlage für meine Vision der Kulturellen Schule.

Teil I

MEIN LEBEN UND DIE SCHULE

1 |

Meine Kindheit und die Frage nach der Notwendigkeit von Erziehung

Ich bin Ende der 1970er-Jahre auf einem Bauernhof groß geworden. Das Leben drehte sich um die Versorgung der Tiere und die Bewirtschaftung der Felder. Unser Rhythmus war angepasst an die Jahreszeiten, die damit verbundenen Aufgaben und an den Rhythmus der Tiere. Wir hatten einen Bauernhof, den es heute nur noch in Kinderbüchern oder als Bio-Ferienhof gibt. Damals wurde Tierwohl grundsätzlich mitbedacht, heute ist es Aushängeschild mit fragwürdigem Hintergrund.

Wir Dorfkinder haben auf der Straße zusammen gespielt, die Buden der Gegner ausspioniert, sind im Sommer auf dem Anhänger mit den kleinen Strohbunden, die es heute nicht mehr gibt, mitgefahren und haben im Winter den Schlitten hinter den Trecker hängen dürfen. Eine Kindheit in Freiheit und in der Natur. Ich denke gerne daran zurück. Ist es doch verbunden mit vielen Menschen und Begegnungen. Nach der Schule gab es Mittagessen und dann waren wir frei. Verabredungen waren nicht nötig, wir trafen uns immer alle draußen. Abends stand meine Oma auf dem Hof und rief mich, wenn es Zeit für das Abendessen war. Die Familie traf sich immer zu den Mahlzeiten und besprach den weiteren Tagesablauf. Im Sommer gab es Mittagessen oft am Feldrand. Oma und ich packten einen Korb und fuhren raus. Alle saßen auf einer Decke und der Mähdrescher stand still. In meiner Erinnerung schmeckten die Kohlrouladen dann noch besser als zu Hause. Der Geruch von frisch gemähtem Hafer, das Kratzen der abgemähten Halme an den nackten Beinen und der Staub in der Luft, der schwarze Nasenlöcher machte, ruft bei mir immer noch das Gefühl von Glück und Fleiß hervor.

Es war mir klar, dass unsere Pferde jeden Tag Hafer und Stroh für die Einstreu brauchen. Alles machte einen Sinn. Ich hatte Respekt vor der Arbeit meines Vaters und meines Opas, weil sie uns und unsere Tiere damit versorgten. Wenn die Zuckerrüben reif und gerodet waren, mussten sie zur Zuckerrübenfabrik gebracht werden. Die Fabrik war ungefähr zehn Kilometer entfernt und manchmal durfte ich meinen Opa bei der Anlieferung begleiten. Als kleines Mädchen bin ich einmal auf dem Trecker eingeschlafen. Mein Opa erzählte gerne, dass er seine Not hatte, mich festzuhalten, damit ich nicht vom Sitz rutsche.

Ich war mir als Kind der Erwachsenenwelt bewusst und verstand den Zusammenhang zwischen Arbeit und Lohn. Unseren Roggen brachten wir zum Kornhaus, aber auch zum Bäcker im Ort. Dort kauften wir wöchentlich unser Dreipfundbrot, und in einem kleinen Büchlein, das wir mitbrachten, wurde es als Anrechnung auf unsere Gerste eingetragen. Es machte für mich alles einen Sinn. Meine Oma baute im Garten Gemüse an und lagerte es ein. Obst und Gemüse gab es den Jahreszeiten entsprechend. Erdbeerzeit war im Juni, Erbsenzeit im Juli, und im August hatten wir lila Hände von der Rotkohlverarbeitung. Das lässt mich immer an die verfärbten, rauen Hände meiner Oma denken. Sie fragte uns jeden Morgen, was wir denn zu Mittag essen wollten. Mein Bruder antwortete als kleiner Junge einmal: »Hol doch Fleisch aus dem Garten!«

Im Dezember wurde bei uns auf dem Hof geschlachtet. Der Nachbar war Metzger und die Familie ging ihm zur Hand. Morgens um fünf wurde das Schwein aus dem Stall geholt. Alles war ganz ruhig und ging ganz schnell. Ich habe es nicht als Unrecht empfunden, sondern als Notwendigkeit und auch nicht als grausam. Das Schwein war vermutlich anderer Meinung. Heute bin ich Vegetarier und halber Veganer und denke trotzdem gerne an die Schlachttage im Winter zurück. Ich liebte es, mit meiner Mutter Brühe aus Eimern an die Nachbarn zu verteilen. Dann bekam ich oft eine Tafel Schokolade oder 50 Pfennig geschenkt. Es machte für mich Sinn, und Fleisch war etwas, dass es nicht jeden Tag gab, sondern etwas Kostbares für den Geschmack der Gemüsesuppe oder für das Sonntagsessen. Der Zyklus des Lebens wurde bestimmt durch die Ernte und unsere Tiere. Ich war ein Teil von allem.

Meine Familie hatte viel Arbeit und ich fügte mich ein. Rückblickend bin ich sehr dankbar, so aufgewachsen zu sein und gelernt zu haben, dass die Welt sich nicht nur um mich dreht. Ich habe mich unglaublich frei gefühlt, obwohl es feste Strukturen gab und mich nie jemand gefragt hat, ob ich vielleicht auch Interesse am Klavierspielen, an Volleyball oder an Schach hätte. Und hätte ich Ja gesagt, hätte meine Oma gelacht und dabei wäre es dann geblieben.

Wann wächst ein Kind frei auf? Wenn es Raum bekommt, um sich zu entdecken. Ein Kind hat ein natürliches Interesse an der Welt, in der es aufwächst. Diese

Welt zu erkunden und den eigenen Radius zu erweitern, ist der Antrieb für kindliche Neugier.

Ein nahe gelegenes Waldstück zu erkunden, auf Bäume zu klettern, Stöcke mit dem Schnitzmesser zu bearbeiten, Löcher zu buddeln und ein Vogelnest zu beobachten, verlangt nach Kreativität und Ausdauer. Kinder bilden spielerisch ihre Feinmotorik aus und lernen, aufmerksam zu sein. Kinder brauchen Zeit, sich mit Dingen zu beschäftigen. Das ist Freiheit: die Zeit zu haben, um Erfahrungen zu machen und einzuordnen. Je mehr Sinne angesprochen werden, umso vielfältiger ist die Lernerfahrung. Lernen in und an der Natur bietet dafür die besten Möglichkeiten. Die Natur ist ganzheitlich und deshalb für Lernerfahrungen optimal geeignet. Wenn Kinder Erfahrungen sammeln und auch verknüpfen können, ist das ein Lernprozess. Wenn Kinder aber Wissen vorgetragen bekommen, ist es nur eine Information. Deshalb ist es wichtig, mit Kopf, Herz und Hand die Welt zu erobern, vielfältige Sinneserfahrungen zu machen, um so eine Grundlage für alle weiteren Lernprozesse zu schaffen.

Ich habe nichts gegen Klavierunterricht oder den Fußballverein, aber Kinder brauchen in erster Linie freie Zeit, um sich zu suchen und zu finden. Das sind Lernerfahrungen, die sich später in der Schule auszahlen. Ein Kind, das sich ausdauernd und gründlich mit einer Sache beschäftigen kann, lernt in der Schule umso einfacher und effektiver und profitiert ein Leben lang von diesen Erfahrungen. Vielleicht sind diese Lernerfahrungen verknüpft mit einem Urvertrauen in sich selbst und seine Umgebung. Handelt es sich doch um einen gewachsenen Entwicklungsprozess in Bezug auf eine Interaktion mit der Außenwelt. Ganzheitliche Sinneserfahrungen sind nachhaltig abgespeichert und ermöglichen, dass zukünftige Erfahrungen verknüpft werden können. Wenn Kinder selbstständig die Welt entdecken, sind sie aus sich heraus aktiv und mit Freude dabei. Eigenaktivität, Sinnhaftigkeit und Freude sind das Grundgerüst, um die Erfahrungen als wertvoll abzuspeichern.

Wenn kleine Kinder regelmäßig über das Handy wischen, aktivieren sie ausschließlich die Sinne für das Hören und Sehen, bekommen Informationen, machen aber keine Erfahrungen mit Kopf, Herz und Gefühl. Es bilden sich keine Verknüpfungen. Stumpfsinn macht sich breit. Kinder brauchen Zeit, Natur, Sinneserfahrungen, andere Kinder und Spaß. In der Schule höre ich Kinder oft klagen, dass sie sich gerne verabreden möchten, aber die anderen Kinder hätten keine Zeit. Hausaufgaben, Therapie, Sport und Arzttermine verschlingen die Spielzeit der Kinder. Dabei ist das die wertvollste Zeit in ihrem Leben. Zeit zum Spielen und Muße. Wollen wir Erwachsenen das nicht auch? Ich begann mit 40 Jahren meinen Klavier- und Gesangsunterricht. Vielleicht etwas spät, aber besser als nie.

Der Bauernhof meiner Familie lag am Dorfrand, umgeben von einigen Obstwiesen, auf denen unsere Pferde und Kühe weideten. Meine beste Freundin und ich hatten eine Bude in einem alten Holzunterstand auf einer der Wiesen. Für uns war der Ort paradiesisch. Es gab einen wunderbaren Kastanienbaum, der im Herbst viele Kastanien abwarf, und einen flachen Bach als Abkühlung im Sommer. Außerdem war da der Kuhweg, der nach einem Regen lehmig war. Dieser Kuhweg war toll zum Barfußlaufen; abgesehen von den Kuhfladen. Vom Sperrmüll hatten wir uns kleine Möbelstücke und Gegenstände besorgt. Wir nahmen alles, was wir mit dem Fahrrad transportieren konnten. Zum Beispiel haben wir versucht, in einem Vogelkäfig einen gefangenen Frosch zu beherbergen. Hat nicht geklappt. Manchmal haben wir auch Illustrierte, die nicht verkauft wurden, im Container entdeckt. Auch mal die *Praline*. Das war cool und wir zeigten sie in der Schule herum. Unsere Gegner waren zwei Mädchen mit einer Bude aufwärts des Baches. Irgendwann hatte jemand in unserer Bude alles heruntergeworfen und kaputt gemacht und versucht, die Zeitschriften anzuzünden. Ich kann mich noch gut an die Tränen der Entrüstung erinnern. Am nächsten Tag hatten meine Freundin und ich Tafeldienst und durften in der Pause in der Klasse bleiben. Eine unserer Feindinnen, sie waren nun mehr als Gegner, hatte fünf Mark auf ihrem Mathebuch liegen. Ich sehe es noch wie heute. Uns war klar, das nehmen wir uns als Wiedergutmachung mit und gehen im R-Kauf davon einkaufen. Nach dem Unterricht haben wir uns Spekulatiuskekse und einen Handfeger mit Kehrblech gekauft, um den Schmutz, den sie verteilt hatten, zu beseitigen. Unseren Eltern haben wir weder von dem Einbruch noch von dem Vandalismus erzählt, wussten wir doch, dass es für Erwachsene nicht von Belang war und wir uns selbst darum kümmern mussten. Hatten wir ja auch getan. Ich fühle heute noch, wie beklommen ich war, als abends mein Vater in mein Zimmer kam und sagte, die Lehrerin hätte angerufen. Mein Unrechtsbewusstsein funktionierte also in beide Richtungen.

Wie wäre wohl heute so eine Geschichte abgelaufen? Kinder haben kaum noch die Möglichkeit, draußen kreativ und frei zu spielen. Es gibt kaum noch Rückzugsräume, über die Kinder frei entscheiden können. Heute muss es schon ein Baumhaus von Obi, eine Spielhütte von toom oder ein durchgestyltes Spielzimmer sein. Eltern wollen sich kreativ entfalten und mit den Worten

»*Mein Kind soll es einmal besser haben*« und anderem Blödsinn ihre eigenen Kindheitsträume umsetzen. Vielleicht gibt es noch Kinder in kleinen Dörfern, die frei und kreativ in der Natur spielen dürfen. In dem Dorf meiner Kindheit gibt es das nicht mehr. Aus den Wiesen wurden Felder, die Kühe sind weg, die kleinen Schuppen sind großen Maschinenhallen gewichen und die Nachmittage der Kinder sind verplant mit Hobbys, Verabredungen und Therapien. Kinder werden umfassend beschäftigt und mit dem »Elterntaxi« von Termin zu Termin gefahren. Überall wird ein wenig Verantwortung mit dem Ziel abgegeben, Kinder bestmöglich auf ihre Zukunft vorzubereiten. Was für ein Wahnsinn. Funktioniert das überhaupt? Wie groß ist der Einfluss von früh gelernten musikalischen oder sportlichen Fähigkeiten auf den Reifeprozess? Denn im Vordergrund sollte doch die Reife zu einem mündigen und bewussten Menschen stehen, oder habe ich das falsch verstanden? Ich vermute, Klavierspielen in der Kindheit hat nicht immer Auswirkungen auf die Grundzufriedenheit als Erwachsener. Ein Mensch, der schon früh lernt, selbstbestimmt und kreativ zu handeln, entwickelt ein natürliches Selbstbewusstsein und gestaltet seine Zukunft selbstständiger.

Meine Geschichte spielte Mitte der 1980er-Jahre. Wie wäre sie wohl heute ausgegangen? Was passiert, wenn ein Kind das andere ärgert oder darüber hinaus – aus Gerechtigkeitssinn – dem anderen etwas wegnimmt? Spielen wir den genannten Ablauf in der Schule der Gegenwart durch. Nach der Pause entdeckt das betroffene Kind, dass sein Geld fehlt. Wird es leise und heimlich mit der Lehrerin sprechen? Ein möglicher Beweggrund wäre, dass es eine Mitschuld vermutet, weil es das Geld offen auf dem Tisch liegen gelassen hat. Vielleicht hat es auch Sorge, von der Mutter bestraft zu werden, weil das Geld verloren gegangen ist. Möglicherweise möchte es keine Aufmerksamkeit. Ist die Lehrerin in Kenntnis gesetzt, ist die Frage, wie sie reagieren wird. Mit ziemlicher Sicherheit wird sie die Täter ansprechen und versuchen, die Situation in der Klasse zu klären. Vielleicht strebt sie auch einen Täter-Opfer-Ausgleich an. »*Warum habt ihr das gemacht? Wie hast du dich gefühlt, als das Geld weg war? Wie geht es euch damit? Tut es euch leid?*« An dieser Stelle ist Feingefühl gefragt. Je nach Auftreten der Kinder entscheidet die Lehrerin, ob dieser Fall in einem Nebenzimmer geklärt wird oder ob sich die ganze Klasse beteiligen darf. Sicherlich gäbe es auch die Möglichkeit, diesen Konflikt für den Klassenrat aufzuheben, wird dieser doch oft zur Klärung bzw. Missbilligung des Verhaltens von Kindern missbraucht. Nach dem Motto: Gemeinschaft bestraft Individuum.

Früher war es Aufgabe der Eltern, die Kinder auf ihr Verhalten anzusprechen und deutlich zu machen, was Recht und Unrecht ist. Wir reden hier von einer Erziehungsaufgabe: Kindern zu zeigen, welche Werte wir leben und dass wir das eigene Wohl nicht über das der anderen stellen sollten. *Was du nicht willst, das man dir tu, das füg auch keinem andern zu.* Im besten Fall erleben Kinder ihre Eltern als Vorbilder und dann erübrigt sich jede Erziehungsaufgabe. Kinder übernehmen Verhaltensmuster, probieren aus und reagieren auf jedes Wohlwollen und auch auf jedes liebevolle Lenken. Kinder sind immer der Spiegel ihrer Eltern und der Umgebung.

Eine Moral entwickeln sie nur, wenn auch die Eltern eine Moral vorleben. Voraussetzung ist, dass die Eltern mit ihren Kindern Zeit verbringen. Vorbild sollte auch die Lehrkraft sein und sie sollte werteorientiert handeln.

Heute liegt die Erziehung nicht mehr nur in der Hand der Eltern, sondern auch in der Hand der Schule, die ihren Erziehungs- und Bildungsauftrag ernster nimmt als noch vor 30 Jahren. Woran liegt es, dass Eltern heute scheinbar gerne die Verantwortung abgeben? *»Mir glaubt sie ja nicht, können Sie vielleicht mit ihr sprechen?«* Solche Sätze hören Lehrkräfte immer öfter. Die Schule scheint eine andere Rolle einzunehmen als früher. Ging es früher in erster Linie um die Vermittlung von Kulturtechniken und Wissen, ist nun der Erziehungsauftrag zunehmend wichtiger geworden.

Die Lehrerausbildung findet weiterhin überwiegend fachlich orientiert statt, eine pädagogische und psychologische Grundausbildung ist nur in Ansätzen vorhanden und eine Diskussion um eine Moralkompetenz, die sicherlich erforderlich wäre, findet gar nicht statt. Wie sind Lehrer nun vorbereitet auf diesen Erziehungsauftrag, der zunehmend in Anspruch genommen wird und eine Vorbildfunktion erfordert? Leider habe ich in 20 Jahren Schuldienst die Erfahrung machen müssen, dass der größte Teil der Lehrer der Aufgabe nicht gewachsen ist. Es fehlt den Pädagogen an Lebenserfahrung, sind sie doch als Lehrer nie aus der Schule herausgekommen. Leider fehlt es oft auch an Empathie. Vielleicht liegt es am Schulstress und der daraus resultierenden Überforderung.

Die Lehrerin ist nun mit den drei Mädchen im Gespräch. Ihr Versuch, die Schuldfrage zu klären, scheitert kläglich. Ist doch die Intention der beiden Täterinnen ganz klar nachvollziehbar. Hat das andere Mädchen zusammen mit ihrer Freundin die Bude zerstört und tatsächlich versucht zu zündeln? Sollte dieses Mädchen dazugeholt werden? Besteht dann nicht auch ein Klärungsbedarf mit den Eltern, weil die Kinder Straftaten begangen haben? Sollte man hier von Brandstiftung und Diebstahl sprechen? Vielleicht sollte die Schulleitung miteinbezogen werden. Das nächste Gespräch findet zusammen mit der Schulleitung und dem Sozialarbeiter statt. Vorher sollten alle Beteiligten das Geschehene schriftlich zusammenfassen und den Text abgeben. Gemeinsam werden Absprachen getroffen, Entschuldigungen formuliert und manchmal werden auch die Eltern von der Schulleitung oder der Lehrerin informiert.

Was lernen die Kinder nach so einem Verfahren? Aus meiner Kindheitserinnerung ist deutlich, dass ich nie wieder etwas wegnehmen würde, was mir nicht gehört. Ich habe eine persönliche Erfahrung gemacht, die nur mich und mein Handeln betrifft. Ich habe niemals erfahren, ob die anderen beiden wirklich unsere Bude kaputt gemacht haben, ob der Diebstahl am Vor- oder Nachmittag entdeckt wurde oder ob meine Freundin sich ähnlich schlecht gefühlt hat. Das war auch nicht wichtig, weil ich mit meinem Verhalten konfrontiert war, und das reichte mir. Wir haben am nächsten Tag einen Umschlag mit fünf Mark bei der Lehrerin abgeben müssen, was sich für mich schlimm anfühlte. Danach sprachen wir nie wieder über diese Sache. Es gab auch wirklich Wichtigeres zu bereden, war doch unsere kleine Welt riesengroß.

Heute hätten die Mädchen erfahren, dass die anderen eventuell eine Mitschuld hätten, zumindest wäre darüber diskutiert worden. Vielleicht hätte man die Straftaten gegeneinander abgewogen. Es wären viele Worte gefallen. Schulleitung, Lehrerin und schließlich noch die Eltern, wenn sie denn informiert worden wären. Die Information, die zu einer Verhaltensänderung führt, liegt in der

Emotion, die sich aus dem Gefühl von Recht und Unrecht ergibt. Hätten die Mädchen heute eine Chance, diese Emotion wahrzunehmen? Sicherlich hängt das von dem Vertrauen ab, das zwischen der Lehrerin und ihnen besteht. Ich wage es zu bezweifeln, dass diese Klärung mehr bewirkt hätte als die einfache Lösung, die ich erlebt hatte. Ich fühlte, dass es Unrecht war. Es brauchte nicht viele Worte und auch keine Schuldzuweisungen. Nie wieder wollte ich von meinem Vater hören, dass die Lehrerin angerufen hätte.

Den Erziehungsauftrag sehe ich heute als eine Herausforderung von Schule und Eltern auf der Grundlage von gegenseitigem Vertrauen.

Das Leben funktioniert nur, wenn Selbstreflexion und in Folge Selbstkontrolle erlernt wurden. Erziehung heißt auch, Kindern Möglichkeiten zu geben, sich in Selbstkontrolle zu üben. Wenn eine Klasse ein Lied singt, dann erfordert es von allen Beteiligten Konzentration und ein Gefühl zur Gruppe. Interessant wird es bei einem Kanon oder wenn der Text geändert wird. Bei einem gemeinsamen Spiel geben Regeln ein Gerüst vor und auch hier werden soziale Fähigkeiten geübt. Kinder, die lernen, sich selbst zu kontrollieren, machen dadurch Erfahrungen, die sie ihr Leben lang begleiten werden. Aus diesem Grund ist Musik- und Sportunterricht und Spielen in der Grundschule so wichtig. Kinder machen mit Freude Erfahrungen, die sie nachhaltig abspeichern und ihnen im weiteren Leben ermöglichen, in der Gesellschaft ihren Platz zu finden.

Bei meinem Erlebnis war es zwar kein Spiel, aber das Ergebnis war auch ein Teil des Lernprozesses zur Selbstkontrolle. Ich hatte gelernt, dass ich meine Bedürfnisse nicht über die eines anderen stellen durfte.

Heutzutage wird das Sozial- und Arbeitsverhalten der Kinder bewertet. Es gibt Formulierungen in jeweils fünf Abstufungen. Von *Das Sozialverhalten verdient besondere Anerkennung* bis hin zu *Das Sozialverhalten entspricht nicht den Erwartungen*. Jede Schule erarbeitet sich Kriterien, die von den Fachkollegen angekreuzt werden, woraus sich dann die Bewertung ableitet. Das Sozialverhalten eines Menschen ist keine Tatsache, sondern ein Prozess, der abhängig von Bedingungen ist. Ein Kind passt sich Gegebenheiten oder Erwartungen an. Welche Erwartung hat das System Schule an einen Schüler, wenn das Sozialverhalten bewertet wird? Hier geht es um die Anpassungsfähigkeit. Hält sich der Schüler an die Schul- und Gesprächsregeln? Hilft der Schüler anderen Kindern? Kann er mit anderen Kindern zusammenarbeiten? Drehen wir das Ganze um und betrachten die andere Seite. Das Sozialverhalten entspricht nicht den Erwartungen, wenn der Schüler durch sein Verhalten den Unterricht stört.

Ich kenne einen liebenswürdigen Jungen, der mehrere Geschwister hat und in meinen Augen nicht sozialverträglicher sein könnte. Er nimmt die Stimmungen anderer Kinder wahr, ist aufgeschlossen, kommunikativ und fröhlich im Umgang mit anderen Menschen. Mit seiner Lebendigkeit kann er ganze Gruppen begeistern und die Stimmung aufheitern. Menschen brauchen genau diese Begeisterung, um sich mitreißen zu lassen. Es ist so wichtig, dass dieses Talent erhalten bleibt und auch gesehen wird. Die Grundschule mochte sein Verhalten nicht. Er war zu laut, zu lebendig, zu impulsiv, einfach nicht genug Mädchen. Die Schule neigt dazu, die angepassten Mädchen zum Maßstab zu erheben, dabei sollten die Mädchen vielleicht einfach lauter sein und dazu auch angehalten werden.

Die Erziehungsmuster der Gesellschaft scheinen immer noch ihre Wurzeln in den früheren Generationen zu haben. Sollten Mädchen nicht frei von diesem traditionellen Frauenbild sein? Sollten Jungs nicht Jungs sein dürfen? Welches Männerbild wird hier zugrunde gelegt? Sollen hier angepasste und gefügige kleine Jungen herangezogen werden? Können sie sich dann überhaupt zu einem Mann entwickeln? Gibt es in den Kollegien eigentlich richtige Männer, die ein Vorbild für einen Jungen abgeben? Und was ist überhaupt ein richtiger Mann? Das Gleiche gilt für die Frauen. Was ist eigentlich mit der Emanzipation passiert? Nötig wäre jetzt eine grundsätzliche Diskussion, welches Menschenbild durch Schule und Gesellschaft geformt wird. Liegt da vielleicht der Schlüssel begraben für ein glückliches Menschsein?

Der fröhliche kleine Junge konnte in der Grundschule nicht punkten. Das Sozialverhalten entsprach den Erwartungen mit Einschränkungen. Bei einer Bewertungsskala von eins bis fünf wären wir dann bei vier. Was macht das mit diesem liebenswürdigen Jungen? Scheinbar ist sein Verhalten nicht gut genug; dabei möchte er doch, wie jedes andere Kind, alles richtig machen. Ist das der Erziehungsauftrag der Schule? Wird das Kind gesehen und respektiert? Es wird unter Druck gesetzt, sich angepasst zu verhalten, denn das verlangt die Lehrkraft von ihm. Interessant wäre, welche Bewertung die Lehrerin wohl bekommen würde, würden Außenstehende hinzugezogen werden. Nur leider sind die Türen zu den Klassenzimmern meist geschlossen und Kinder sowie Eltern abhängig von dem Wohlwollen der Lehrkraft und der Schulleitung.

In meiner Geschichte mit den fünf Mark hätte ich wohl eine schlechtere Bewertung am Ende des Halbjahres bekommen. Jedoch ist der Lerneffekt durch diesen kleinen Vorfall nicht viel wirkungsvoller gewesen? Müsste dann die Bewertung nicht viel positiver ausfallen, weil sich eine Verhaltensänderung abzeichnet? Das wäre eine pädagogische Bewertung, die laut Erlass auch vorgesehen ist, aber in der Realität leider nur selten umgesetzt wird. In meinen Augen schließen sich Erziehungsauftrag und Bewertung gegenseitig aus. Wie kann ich ein Kind wohlwollend betrachten und es liebevoll lenken und gleichzeitig regelmäßig Kinder miteinander vergleichen und nach Kriterien bewerten, die sich an ganz anderen Maßstäben als dem persönlichen Kindeswohl orientieren, nämlich an Kompetenzen, Funktion und Anpassung. Sprechen wir dann über Bewertung oder Entwertung und das auch noch eingebettet in einen Erziehungsauftrag?

Der Junge aus meinem Beispiel hat zum Glück eine Familie, die den Gegenpol zur Schule bietet und ihm den Rückhalt gibt, den er für eine gesunde Entwicklung braucht. Er erlebt seine Familie als Vorbild und damit erübrigt sich jeder Erziehungsauftrag. Kinder brauchen funktionierende Familien und Eltern, die sich diese Verantwortung nicht nehmen lassen!

Ich möchte Mütter und Väter aufrufen, sich verantwortlich für ihre Kinder zu zeigen. Sich bei Lehrern, Therapeuten und Ärzten Rat zu holen ist völlig in Ordnung, aber die Verantwortung sollte man niemals aus der Hand geben! Eltern sollten am besten wissen, was gut für ihr Kind ist, und das sollte Berücksichtigung finden. Leider zeichnet sich immer öfter die Tendenz ab, dass Familien unter Druck stehen und überfordert sind. Ein erster Schritt wäre, sich Zeit für die Kinder zu nehmen: Memory spielen, Tannenzapfen sammeln, Laub rascheln lassen, etwas Blaues in der Natur suchen, in Pfützen springen, Himbeeren pflücken und zusammen Marmelade kochen. Alles ohne Stress und mit viel Zeit.

Leider werden heute all diese Aktionen von Erwachsenen entwertet. Die Begeisterung der Kinder wird oft nicht beachtet. Es gibt Kinder, die werden schon morgens um 7 Uhr vor der Schule abgesetzt, weil die Eltern zur Arbeit müssen. Nach dem Schultag beginnt der Ganztag und schließlich der Hort. Ich habe oft erlebt, dass Kinder von Montag bis Donnerstag zehn Stunden täglich in der Schule verbringen mussten. Haben sie ihre Hausaufgaben in der Betreuung nicht fertiggestellt, müssen sie zu Hause erledigt werden, sodass sich ihr zehnstündiger Schultag noch verlängert. *»Papa, wir müssen noch Mathe machen. Ich kann das nicht und morgen muss ich es vorzeigen, sonst kriege ich Ärger mit Frau...«* Der Lehrer weiß nicht unbedingt, dass die Hausaufgaben im Ganztag nicht fertig wurden. Vielleicht weiß der Lehrer nicht einmal, dass der Hort bis 17 Uhr dauert und die Hausaufgaben dann noch eine weitere Stunde zu Hause in Anspruch genommen haben. Voraussetzung wäre eine professionelle Zusammenarbeit zwischen allen Beteiligten im System Schule. Das ist nur selten gegeben.

Viele Lehrer verlassen mittags die Schule und weigern sich, mit den Mitarbeitern der Ganztagsbetreuung zusammenzuarbeiten, weil die Aufgaben am Vormittag gerade so zu bewältigen sind. Ein zusätzliches Aufgabenfeld würde sie dem Burn-out noch näher bringen. In ländlichen Gegenden ist es schwer, geeignetes Personal für den Ganztag zu bekommen. So haben die Schulträger schließlich ungelerntes Personal eingestellt. Die Behörde hat dieses übernommen, und da der Ganztag eine oft untergeordnete Rolle als Aufbewahrungsmaßnahme für Schüler spielt, sind die

Verträge mittlerweile unbefristet und die Schule hat keine Möglichkeit mehr, an der Qualität des Nachmittagsangebotes zu arbeiten. Hilfskräfte besetzen die Stellen, die eigentlich für Erzieher vorgesehen sind. Wie soll sich eine multiprofessionelle Zusammenarbeit zwischen Lehrern und Nachmittagsbetreuung ergeben, wenn die eine Seite ungelernt ist und die andere Seite ihre Arbeit ausschließlich am Vormittag verortet sieht und deshalb eine Zusammenarbeit ablehnt?

Worum sollte es hier eigentlich gehen? Sollte nicht das Wohlergehen der Schüler im Vordergrund stehen? Wer fragt denn, wie es den Kindern geht? Wollen Kinder zehn Stunden in der Schule sein? Sicher nicht. Wollen Kinder Hausaufgaben in der Schule machen? Nur nebenbei – sind Hausaufgaben überhaupt notwendig? Warum müssen die Hausaufgaben überhaupt bis zum Ende erledigt sein? Was ist, wenn ein Kind an einer Aufgabe das Prinzip verstanden hat und danach lieber Klavier spielen möchte?

Ich kann mir ausmalen, welche Situationen sich zu Hause abspielen, wenn Eltern nach zehn Stunden Berufswelt mit ihrem Kind, auch nach zehn Stunden Berufswelt – denn Schule ist wie Beruf –, an den Hausaufgaben sitzen müssen, die schon am Nachmittag ein Problem waren. Wahnwitzig wird es, wenn dann im Mitteilungsheft steht: »*Klaus Bärbel hat die schriftliche Subtraktion immer noch nicht verstanden, weil er sich und andere ständig ablenkt. Bitte sprechen Sie mit ihm darüber.*« Warum lenkt er sich wohl ab? Warum hat er es nicht verstanden und was genau hat er eigentlich nicht verstanden? Macht die schriftliche Subtraktion für ihn vielleicht gar keinen Sinn? Weiß er vielleicht nicht, wofür er sie braucht?

Soll die Schule auf der einen Seite immer öfter die Verantwortung für die Erziehung der Kinder übernehmen, gibt die Schule doch gerne die Verantwortung, wenn es schwierig wird, wieder an die Eltern ab.

An jedem ersten Elternabend habe ich den Eltern verkündet: »Sie sind die Experten für Ihr Kind und wir sind die Experten fürs Lernen. Nur zusammen können wir Ihrem Kind optimal helfen.« Meinen Appell möchte ich noch erweitern. Alle Beteiligten im System Schule sollten die Kinder nicht aus den Augen lassen und deshalb zusammenarbeiten, um das Wohl der Kinder sicherzustellen und nicht das Wohl der einzelnen Bereiche des Systems. Es wäre sinnvoll, Eltern in die Schule zu holen und eine Zusammenarbeit einzufordern. Es reicht nicht, Ausflüge zu begleiten oder Beisitzer in der Zeugniskonferenz zu sein. Ich würde mir wünschen, dass Eltern den Unterricht begleiten. Besonders nach der Einschulung wäre es sinnvoll, wenn Eltern einen Einblick in den Schulalltag bekämen. Viele Kinder brauchen Zeit, um sich von ihrem Elternhaus zu lösen. Der Übergang sollte sanft und liebevoll organisiert sein. Eltern als Unterstützer ermöglichen eine sinnvolle Zusammenarbeit. Schule und Ganztag sollten als Einheit gesehen werden. Lehrer und pädagogische Mitarbeiter mit unterschiedlichen Fachkompetenzen ergänzen sich und arbeiten am Vor- und Nachmittag zusammen. Eltern als Experten für ihr Kind wahrzunehmen und das Kind mit seinen Bedürfnissen in den Mittelpunkt zu rücken, scheint die Lösung zu sein. Lehrer und pädagogische Mitarbeiter sind die Zuarbeiter für das Kind und die Eltern. Wenn die Kinder zufrieden sind, sind die Eltern es auch und dann sprechen wir von einer guten Schule. Viele engagierte Lehrer haben dieses Prinzip verstanden und setzen es um. In meinen Recherchen, wie sich Kinder ihre Traumschule vorstellen, ging ein Mädchen (9. Klasse) so weit, dass sie sagte: »... abreißen und kleine Lernhäuser neu bauen.« In Anbetracht dessen, dass mich täglich E-Mails mit der Bekundung erreichen, doch bitte die Schulen grundlegend zu reformieren, scheint der Wunsch nach einem Strukturwandel groß zu sein. Der Schulfrust war noch nie so groß und laut. Deutsche Schulen haben sich noch nie so unbeliebt gemacht.

Kinder lehnen die Schule aber nicht grundsätzlich ab. Sie haben nichts dagegen, etwas zu lernen.

Können Sie sich noch an Ihre Einschulung erinnern? Das ist ein besonderes Erlebnis, und nicht nur wegen der Zuckertüte. Ein neuer Lebensabschnitt beginnt und deshalb kann sich so gut wie jeder an diesen Tag erinnern. Ich habe jedes Jahr wieder Kinder mit einer großen Lernfreude erlebt. Fragt man sie, was sie denn lernen wollen, antworten sie: »Lesen und Schreiben«, bringt es sie doch der Erwachsenenwelt etwas näher. Bis zu den Herbstferien nimmt das Gefühl der Selbstbestimmung durch die festen Strukturen und Vorgaben in der Schule ab. Gleichzeitig nimmt die Fremdbestimmung zu. Die Folge ist eine Demotivation der Schüler, sodass die Lernfreude abnimmt. Wenn nun Lehrer die Fähigkeit besitzen würden, Kinder zu begeistern und sie mitzureißen, dann würden sie sich nicht fremdbestimmt fühlen und wären im Idealfall begeistert. Leider verfügen Lehrer selten über diese Fähigkeit. Stattdessen findet eine Gleichmacherei statt, mit wenigen Chancen für eine positive Zukunft.

Es hat mich jedes Jahr wieder traurig gemacht zu sehen, dass viele Kinder in den ersten Wochen nach der Einschulung ihr Strahlen verlieren. Warum bleiben die Kinder nicht so begeistert? Ich habe mich gefragt, was die Schule ändern muss, damit unsere Kinder gerne lernen. Vielleicht liegt darin der Antrieb für meine Aktivitäten als Schulleitung und als Botschafterin einer neuen Schule für Kinder.

> **Die Freiheit, selbst über sich bestimmen zu können, scheint bei Kindern noch ursprünglich vorhanden zu sein. Gleichzeitig brauchen sie Strukturen, die ihnen einen festen Rahmen bieten. Liebevoller Rückhalt und Vertrauen sind Voraussetzung für jede Beziehung zwischen Schüler und Lehrer.**

Nach der Grundschule besuchte ich die Kooperative Gesamtschule bei uns im Ort. Der Vorteil war, dass ich mit dem Fahrrad zur Schule fahren konnte. Weitere positive Aspekte fallen mir nicht ein. Meine Lehrer haben sich nicht für mich interessiert. Ich kann mich nicht daran erinnern, nach meinen Neigungen gefragt worden zu sein. Kann ich mich an Lob erinnern?

In der Grundschule gab es einmal eine Religionslehrerin, die meine Mappe gelobt hat, weil ich so schöne Bilder gemalt hätte. Ich war Durchschnitt, egal, bedeutungslos, einfach Schülerin Bianca Höltje, Jahrgang XY.

Ich sah auch keinen Sinn im Lernen. Die Themen interessierten mich nicht, meine Meinung war nicht gefragt. Warum sollte ich mich dann beteiligen? Dabei hatte ich eine Meinung – und auch viel zu sagen.

Die letzten drei Schuljahre habe ich an einem Gymnasium zugebracht und dort gab es Lehrer, die ich mochte und die mich mochten. Mein Deutsch-Leistungskurs wurde von einer Lehrerin geleitet, die ich heute noch für ihre Umsicht, ihre Weisheit, ihre Kreativität und ihren Kampfgeist bewundere. Ich habe von ihr gelernt, was Emanzipation ist und dass ich als Frau doch eigentlich gleichwertig bin. Sie hat mir auf unseren literarischen Reisen immer wieder Situationen aufgezeigt, die ich nachempfinden konnte, und so entwickelte ich ein Bewusstsein für meine weibliche Stärke, um eine starke Frau zu werden. Unter Bauern ist das nämlich eigentlich ganz anders.

In der 11. Klasse habe ich im Fach Pädagogik ein Referat über antiautoritäre Erziehung und die Summerhill School[2] gehalten. Das war das einzige Referat in meiner ganzen Schulzeit und es war sehr gut. 15 Punkte. Volltreffer. Es hatte Spaß gemacht, weil es interessant war. Wir haben uns die Köpfe heißgeredet und waren hellauf begeistert, dass es eine so fantastische freie Schule gab. Schon damals wusste ich, dass ich Lehrerin werden würde. Die Deutschlehrerin hat mir das Gefühl gegeben, mit ihr auf Augenhöhe zu sein. Das waren wirkliche Gespräche, wie ich sie bisher nicht kannte. Sie war mein Vorbild. Einmal hat sie mir einen Brief geschrieben, dass sie es sehr an mir schätzen würde, wie viel Empathie ich hätte, und dass ich die Gabe hätte, mich um meine Mitschülerinnen (wir waren in dem Kurs nur Mädchen) zu kümmern, und so für ein positives Gruppenklima sorgen würde. Das

---

2 Die Summerhill School wurde 1921 von A. S. Neill in England gegründet. Sie ist eine der ältesten demokratischen Schulen und vertritt das Prinzip der antiautoritären Erziehung (siehe Literaturempfehlungen). Neill, A. S.: *Theorie und Praxis der antiautoritären Erziehung. Das Beispiel Summerhill.* Hamburg 1969

hat mich aufgebaut, mir Kraft gegeben und sicher auch meinen Werdegang beeinflusst. Das war für mich kein Lob, sondern es waren ehrliche und authentische Worte, ganz ohne Noten, Zeugnisse und Bewertung.

Wer braucht schon Lob und Tadel? Eigentlich brauchen wir nur Ehrlichkeit und Austausch, vielleicht auch nur liebevollen Rückhalt. Lob und Tadel sind immer eine Abwertung, denn auch bei einem Lob wird viel ignoriert. Wenn die Aufmerksamkeit durch ein Lob auf ein Detail gelenkt wird, entsteht sofort die Fragehaltung zu den vielen anderen Aspekten, die nicht gelobt wurden. *»Du hast aber eine schöne Schrift.«* – *»Und was ich geschrieben habe, interessiert dich gar nicht?«* Auch ein Lob macht auf eine Hierarchie aufmerksam und tadelt immer ab. Der Lehrer maßt sich an, etwas zu bewerten, und erhebt sich damit über seinen Schüler. So entsteht auf Dauer eine Abhängigkeit zwischen beiden Seiten. Hat der Hund Sitz gemacht, bekommt er ein Leckerli. Brav gemacht.

> **Sollten Kinder nicht zu Selbstdenkern erzogen werden, die über die Fähigkeit zur Reflexion verfügen? Ist das überhaupt möglich, wenn sie von Lob und Tadel abhängig gemacht wurden?**

Kinder, die gerade eingeschult wurden, wollen schreiben lernen, und zwar ganz schnell. Sie wollen sich mitteilen, die Bilder in ihren Köpfen in Worte fassen, Briefe schreiben. Ich denke da an einen Jungen, dessen Eltern sehr fürsorglich waren. Er hatte ein Bild gemalt und einzelne Wörter mühevoll nach der Anlauttabelle dazugeschrieben. HONT und PAL stand dort in Großbuchstaben und sollte HUND und BALL bedeuten. Ich fand es großartig und bestaunte mit ihm seine Leistung, weil er sich sehr angestrengt hatte. Kinder und Eltern wussten, dass die *Kinderschrift*, so nannten wir sie, fehlerhaft sein durfte und dass die Kinder ruhig wissen dürften, dass sie Fehler machen, weil sie erst nach und nach die *Buchschrift* lernten, aber in erster Linie Lob für ihre Ergebnisse bekommen sollten.

Die Eltern waren auf einen sensiblen Umgang hingewiesen und darum gebeten worden, Fehler nicht zu korrigieren, um es mir als Lehrerin zu überlassen. Am nächsten Tag brachte er das Blatt wieder mit. Seine Worte waren wegradiert worden und er hatte sie noch einmal richtig schreiben müssen. Von dem Tag an fragte er immer: *»Ist es auch richtig geschrieben?«* Er war abhängig von Lob und Tadel geworden. Jedes geschriebene Wort entstand unter dem Druck, korrekt sein zu müssen. Er fragte sich nicht, ob es gut klingt, ob es ein besseres Wort gibt oder was der Leser wohl denkt, wenn er es liest. Er fragte sich, ob die Lehrerin oder die Eltern ihn wohl loben oder tadeln würden. Oft saß er vor einem weißen Blatt und traute sich nicht anzufangen. Später stellten Arzt und Therapeut eine *Lese-Rechtschreib-Schwäche* fest und vermuteten auch ein *ADS*. Super. Alles richtig gemacht. Die Verantwortung liegt nun bei dem Kind und seiner Krankheit. Da kann man nichts machen. Diagnose ist Diagnose. Also Eltern und Lehrer sind da raus – vielleicht kann der Therapeut noch etwas erreichen.

Ich gebe zu, dass die Geschichte etwas zugespitzt ist, aber sie ist Alltagsgeschehen in den Grundschulen. Entscheidend ist, dass Lehrer und Eltern, zwar gut gemeint, mit Lob und Tadel bei Kindern etwas erwirken, das sich langfristig auswirkt. Sie werden abhängig und verlieren sich selbst und den eigentlichen Antrieb für das Lernen aus den Augen. Kinder brauchen liebevolle

Betrachtung und eine wohlwollende Begleitung. Natürlich wollen sie Rückmeldung bekommen, aber in einer Form, bei der sie sich gut aufgehoben fühlen. Natürlich können auch Ergebnisse miteinander verglichen werden, lernen Kinder doch voneinander. Sie wollen eine persönliche Rückmeldung, die ihr Ich betrifft, und sie wollen auf der Beziehungsebene angesprochen werden. Es soll nicht um die Bewertung einer Sache gehen. Haben Sie schon einmal einen Erwachsenen auf einen Rechtschreibfehler aufmerksam gemacht?

Ein Kind sollte seine Stärken kennen und benennen können. *»Ich kann gut rechnen. Ich kann sogar schon schwierige Plusaufgaben über den Zehner bis 100 rechnen.«* Wenn ein Kind sich anerkannt fühlt und stolz auf seine Leistung ist, lernt es auch gerne dazu. *»Als Nächstes lerne ich die Minusaufgaben, aber erst mal die leichten bis 100.«* So bestimmt das Kind über seine Lernerfahrung und kann sich einschätzen. Aus dieser Stärke heraus ist es auch kein Problem zu sagen, dass die Minusaufgaben ganz schön schwierig sind und ihm schwerfallen.

Ein Kind möchte Erfolg haben. Es sucht sich die Aufgabe aus, die es schon gut kann und die nur eine kleine Herausforderung mit sich bringt. So arbeitet es sich Stück für Stück voran. Es würde sich selbst aber nie über- oder unterfordern. Das passiert nur, wenn der Einfluss der Schule, oder manchmal des Elternhauses, zu groß ist. Jedes Kind hat seine Stärken und die müssen geachtet werden. Meine Deutschlehrerin hatte mich und meine Stärken beschrieben. Ich fühlte mich gesehen, bestärkt und irgendwie auch einzigartig.

Was passiert aber, wenn Kinder sich nicht an die Regeln halten und zum Beispiel andere Kinder ärgern? Natürlich brauchen

Kinder klare Grenzen und einen deutlichen Hinweis auf Fehlverhalten. Konsequenz ist etwas, das Kinder nicht früh genug lernen können. WENN-DANN ist in meinen Augen die Lösung, um Verhaltensänderungen herbeizuführen. *»Wenn du das machst, dann passiert das.«* Klaus Bärbel bewirft die anderen Kinder mit Sand, weil er allein an seinem Sandkistenprojekt bauen möchte. Ein Mädchen hat Sand in die Augen bekommen und weint. *»Wenn du mit Sand wirfst, verletzt du die anderen Kinder, dann darfst du nicht mehr in der Sandkiste spielen. Das Mädchen darf auch in der Sandkiste spielen. Ihr könnt euch absprechen oder zusammen spielen. Wenn du das nicht akzeptieren kannst, dann darfst du nicht mehr in die Sandkiste.«* Die Konsequenz muss klar formuliert sein. Der Junge hat die Wahl innerhalb dieser Grenzen. Lässt er sich darauf ein, kann eine Lösung gefunden werden. Eine Möglichkeit der Wiedergutmachung wäre, sein Projekt dem Mädchen zu zeigen und zu erklären. Vielleicht ist die Lehrerin auch neugierig und kann so beide Kinder aus der Situation herausholen. Entscheidend ist, wann und wie eine Lösung gefunden wird. Niemals direkt in der Situation des Konflikts. Die Emotionen beherrschen den Moment und müssen auch gelebt werden. Manchmal braucht es die Tränen zum Freiweinen und zum Lösen, und zwar auf beiden Seiten. Erst wenn sich die Gemüter beruhigt haben, ist ein Gespräch möglich und auch sinnvoll, um Kindern die Chance zu geben, selbst Lösungen zu finden. Erst danach können Konsequenzen verstanden und akzeptiert werden.

Was ist überhaupt Erziehung? Wenn ich ein Kind auf die Regeln des Miteinanders im Sinne einer Moral aufmerksam mache, ist das dann Erziehung oder nur eine Notwendigkeit? Kinder brauchen Vorbilder, wohlwollende Betrachtung und liebevolle Lenkung. Erziehung ist da notwendig, wo sich egoistisches Verhalten eingeprägt hat. Ich gehe davon aus, dass sich Kinder, die in Familien aufwachsen, die sich liebevoll und aufmerksam um ihre Kinder kümmern, genauso in einer Gruppe verhalten. Kinder, denen Aufmerksamkeit fehlte, die kein Vorbild hatten, verlangen auch in der Gruppe nach Aufmerksamkeit, um Defizite auszugleichen.

> **Es sind nie die Kinder, es sind die Familienstrukturen, die das Verhalten der Kinder prägen. Vor diesem Hintergrund müssen Eltern und Lehrer zusammenarbeiten. Es reicht nicht, ein Kind erziehen zu wollen, die Botschaft betrifft immer auch die Familie, die sich an der Problemlösung beteiligen muss.**

Wenn Erziehung einseitig als Einwirkung auf ein Kind verstanden wird, um eine Verhaltensänderung herbeizuführen, ist Erziehung ein Akt der Gewalt. Dann ziehen wir das Kind mit Gewalt aus einer Ecke heraus, in die das Kind von Erwachsenen vorher gedrängt wurde. Die Lösung liegt in meinen Augen in der Verantwortung. Den Eltern muss die volle Verantwortung für ihr Kind übergeben werden, sodass sie zum Vorbild werden können. Deshalb ist es eine gute Lösung, wenn Eltern im Schulalltag mit eingebunden werden. Wenn sich Lehrer und Eltern gegenseitig unterstützen und beide im Interesse des Kindes handeln, gewinnen Kinder Vertrauen.

Ein ähnlicher Prozess bietet die Grundlage für die Schüler-Lehrer-Beziehung. Auch hier geht es um Vertrauen. Ein Bildungs- und Erziehungsauftrag ist nichts wert, wenn Schüler zu Objekten werden. Es sollte immer darum gehen, dass sich Kinder, Familien und Lehrer zusammentun und gemeinsam an den Bedürfnissen des Kindes orientieren. Der Schüler bringt sein Menschsein und seine Lernvoraussetzungen mit und lernt so auf eine ihm eigene Art und Weise. Der Lehrer muss sich darauf einstellen und sich und die Bedingungen anpassen. Wenn Schwierigkeiten in der Schule entstehen, ist niemals das Kind die Ursache. Es ist der Weg, den die Lehrer und Eltern vorgegeben haben, der auf seine Richtung überprüft werden muss.

Kinder sind Individuen und benötigen keine Erziehung, wenn sich Familien und Lehrer verantwortungsvoll zeigen. Was Kinder wirklich brauchen, sind Freiräume, um sich zu orientieren und entfalten zu können. Sie brauchen familiären Rückhalt und unterschiedliche Vorbilder. Sie brauchen Begegnungen, Beziehungen, Zeit und Muße, um Erfahrungen sammeln zu können. Kinder bringen unglaubliche Fähigkeiten mit auf diese Welt: Lernfreude, Kreativität, Konzentration, Begeisterung. Vielleicht sollten wir einfach nur versuchen, ihnen nicht im Weg zu stehen.

2 |

Mein Studium und das Berufsbild des Lehrers

An der pädagogischen Hochschule in Hildesheim durfte ich das Lehramt an Grund-, Haupt- und Realschulen studieren. Meine Fächer waren Deutsch mit einem Schwerpunkt auf Sprachwissenschaften, Sachunterricht mit einem Schwerpunkt auf Biologie, Evangelische Theologie und Politik. Im Vordergrund meiner Studien stand die Pädagogik. Der Inhalt meiner Examensarbeit handelte von *Erziehendem Unterricht*. Ich hatte viele Bücher gelesen und mir Gedanken dazu gemacht, was Pestalozzi, Kant und Herbart zu dem Thema zu sagen hatten.

Erziehender Unterricht und dazu die Gedanken einer noch nicht erwachsenen Studentin. Soso. Heute würde ich sagen, dass meine Arbeit Bullshit war. Ich will gar nicht mehr wissen, was ich damals zusammengeschrieben habe, wusste ich doch rein gar nichts. Mutter zu sein und als Lehrerin zu arbeiten hat mich gelehrt, dass erziehender Unterricht eine Anmaßung ist. Schon fast eine Frechheit, bringt doch jedes Kind Stärken mit und eine wunderbare Lernfreude, die wir im System Schule durch einen Erziehungs- und Bildungsauftrag erfolgreich zunichtemachen. Das Ergebnis sind Erfüllungsgehilfen für jede Art von System. Ganz im Sinne der preußischen Erziehung. Und ich denke, auch Corona hat sehr davon profitiert.

Eine gute Note sagt etwas über Anpassungsfähigkeit aus. Ist das das gelobte Ergebnis von Erziehung und Bildung in der Schule?

Beim Studium kamen fast alle Kommilitonen direkt aus der Schule. Sie erwartete ein verschultes Studium und alle konnten es kaum erwarten, wieder in die Schule zurückzukommen. Mir kam schon damals der Verdacht, dass ich hier irgendwie falsch war. Heute denke ich jedoch, ich war genau richtig, weil ich sonst nicht so früh begonnen hätte, eigene Wege zu gehen.

Im ersten Semester hatten wir ein Praktikum in einer Grundschule und dort lernte ich eine Studentin kennen, die genauso dachte wie ich. Außerdem waren wir die einzigen Raucher in der Gruppe. Heute ist sie auch Schulleitung und wir denken immer noch ähnlich. Ich habe mich zwischen Lehrern oft nicht wohlgefühlt, bin immer angeeckt, war meist anderer Meinung, und ich fühlte mich oft unverstanden. Ich nahm mir die Freiheit heraus, nur an Vorlesungen und Seminaren teilzunehmen, die mich interessierten. Es gab noch keine Anwesenheitslisten. Langweilte mich ein Vortrag, ging ich raus auf den Flur, zog mir einen Kaffee aus dem Automaten, setzte mich auf eins der zahlreichen Sofas und las, rauchte und quatschte. Ich hatte genug von langweiligem Unterricht, langem Zuhören und wusste selbst, was ich lernen wollte. Pädagogik interessierte mich und meine Freundin und wir diskutierten nächtelang, wie Schule sein sollte und wie wir in der Zukunft unseren Unterricht gestalten würden und was alles zu verändern wäre. Vielleicht ist damals in einer Weinlaune an meinem Küchentisch in der Studentenbude die Idee entstanden, von der ich heute noch träume. Mein Traum ist eine Schule, die sich an den Kindern orientiert und nicht am Lernstoff – und auch nicht an den Lehrern.

Das Referendariat an einer Grundschule in Hannover schloss sich nahtlos an das Studium an. Ich liebte die Arbeit mit den Kindern. Mit ihnen war ich gerne zusammen, aber nicht mit den typischen Lehrern. Ich fühlte mich nicht zugehörig, tickte irgendwie anders. Meine Unterrichtsbesuche waren immer gut, aber nie sehr gut. Gelobt wurde immer mein Umgang mit den Kindern und meine Art und Weise, alle Kinder mitzunehmen. Nach einem Unterrichtsbesuch in Evangelischer Religion sagte meine Mentorin einmal: »Bianca, Sie denken, dass Sie gut sind, aber glauben Sie mir, Sie sind nicht gut.« Meine Betreuerin nickte eifrig. Zwei Lehrerinnen, die eine Lehrerin ausbilden wollen, maßen sich an, die Persönlichkeit zu bewerten und das auch noch als gut gemeinten Rat zu verpacken. Bewertung, die zur Entwertung wird. Ist das pädagogisch?

Ich war tief getroffen. Ich hielt die Besprechung durch und ich wusste, dass von mir erwartet wurde, mich für die Demütigung zu bedanken und zu signalisieren, dass ich alle Ratschläge für gut erachte und sie umsetzen würde. Da wusste ich, wie es ist, wenn ein Kind unterlegen ist, nicht gemocht und dann entwertet wird. Wie gehen diese Lehrerinnen erst mit Kindern um, wenn sie schon gegenüber Erwachsenen keine Hemmschwelle haben? Vielleicht war es aber einfach nur persönlich gemeint, also von ihnen, da sie meine offene Art nicht mochten. Wie sich später übrigens herausstellen sollte, ist dies eine Schwäche fast aller Lehrer, die ich kennenlernen sollte. Offenheit? Fehlanzeige. Etwas Neues? Bloß nicht. Bei der Besprechung der Vornoten für das Zweite Staatsexamen sagte ebendiese Mentorin: »Wir haben uns abgesprochen und auf eine Note geeinigt.« Also bekam ich in jedem Fach, egal ob Pädagogik oder Deutsch, dieselbe Note. So lernte ich meine erste Lektion in der Notenvergabe. Mitarbeit, besondere Neigungen, besondere Fähigkeiten – ganz egal – alles über einen Kamm scheren. Man einigt sich auf eine Note. Wozu auch Kriterien anwenden, wenn Pädagogik doch so einfach sein kann.

Meine zweite Examensprüfung dauerte neun Stunden. Meine Mutter hatte ein Buffet für die Prüfungskommission vorbereitet und war den ganzen Tag dabei, um die Prüfer gut zu versorgen. Das war damals Usus. Anscheinend war der Geschmack des Dezernenten als Prüfungsvorsitzender getroffen, was auch meine Person beinhaltete. So konnte ich die Prüfungskommission zufriedenstellen und kam insgesamt auf eine recht gute Note. Ich weiß allerdings bis heute nicht, ob das Buffet überhaupt mitbewertet wurde.

Danach folgten Anstellungen an vielen unterschiedlichen Grundschulen. Ohne Verbeamtung und als Neuling nahm ich jede Abordnung und Versetzung an und genoss es, unterschiedliche Systeme kennenzulernen. Ich war recht frei, in meiner Art zu unterrichten. Ich ließ die Dinge oft auf mich zukommen, was den Kindern Spaß machte und mir auch. Eine Schulleitung habe ich besonders positiv in Erinnerung. Sie öffnete jeden Morgen die Schultür und begrüßte alle Kinder. Viele mit Handschlag, einige hat sie auf das Füßeabtreten aufmerksam gemacht, aber alle haben ein Lächeln bekommen. Sie kam morgens mit einem blauen Sportcoupé oder mit dem Fahrrad. Das hinterließ einen tiefen Eindruck bei mir. Später, als ich beschloss, Schulleitung zu werden, kaufte ich mir nach ihrem Vorbild einen Audi TT. Mit dem wollte ich in die Zukunft starten. Außerdem fuhr ich als Schulleitung die zehn Kilometer zur Schule oft mit dem Fahrrad. Ich wollte den Kindern auch ein Vorbild sein. Obwohl Fahrradfahren an meiner Schule vor meiner Zeit nur mit Ausnahmegenehmigung meiner Vorgängerin erlaubt war. Stattdessen hatten wir ein erhöhtes Verkehrsaufkommen, dem ich so entgegenwirken wollte.

Es gibt unglaublich gute Pädagogen. Ich hatte eine großartige Kollegin, die mir zeigte, wie sie eine gute Beziehung zu den Kindern herstellte und mit ihnen gemeinsam Unterricht gestaltete. Das war kein Unterricht, sondern gemeinsames Lernen. Sie war Verfechterin der Methode *Lesen durch Schreiben* nach Dr. Jürgen Reichen[3], die heute in einigen Bundesländern verboten ist. Ich lernte durch sie eine neue Sichtweise kennen. Sie nahm jedes Kind ernst, war mit allen Kindern und Eltern immer im Gespräch und hatte die Gabe, jedes Kind dort abzuholen, wo es war. Ihre zwanzig Schüler saßen an einer großen Tafel und hatten jede Menge Rückzugsmöglichkeiten. Sie nutzte ihren Schreibtisch, der in einer Ecke stand, lediglich als Ablagefläche. Ich fand ihre lockere und flapsige Art den Kindern und Eltern gegenüber gut, bewirkte es doch, dass sie ein Team bildeten. Sie machte grundsätzlich Werkstattunterricht. Jedes Kind hatte Wochenaufgaben und teilte sich die Zeit selbst ein. Ihr Unterricht war immer handlungsorientiert und brauchte kaum Arbeitsblätter oder Bücher. Sprach- und Sachunterrichtsbücher waren sowieso selten. Ich halte dieses Material ebenfalls für überflüssig. Die Frage ist, was macht man, wenn

---

3 Vgl. »Lesen durch Schreiben, eine Methode von Dr. Jürgen Reichen«. https://www.lehrer-online.de/unterricht/grundschule/sprache/lesen-und-schreiben/artikel/fa/lesen-durch-schreiben-eine-methode-von-juergen-reichen/ (abgerufen am 25.03.2023)

man nur mit einem Schulbuch unterrichten kann? Man produziert Langeweile.

Jeder Jahrgang hat mir Freude bereitet und zeigte mir Entwicklungsmöglichkeiten. Ich habe viel lernen dürfen, obwohl ich mich rückblickend wohl manchmal recht unpädagogisch verhalten habe und sicherlich vieles hätte anders machen können. Ich war sehr stolz, als Lehrerin zu arbeiten. Was es bedeutet, Lehrerin zu sein, und welche Verantwortung sich daraus ergibt, hatte ich in der Ausbildung nicht gelernt. Die Tragweite meiner Aufgaben war mir nicht bewusst. Ich tingelte durch mein Leben von Woche zu Wochenende, von Deutschunterricht zu Disco, von Erziehungsaufgabe zum eigenen Erwachsenwerden. Ich hatte einen Bildungs- und Erziehungsauftrag und war ihm so gar nicht gewachsen, war ich doch selbst noch nicht reif genug. Wenn es allen Lehrern nach ihrer Ausbildung so geht wie mir, ist es nicht weiter verwunderlich, wenn es durch den fehlenden Reifeprozess und die lückenhafte Ausbildung in der ersten Zeit und eventuell im Verlauf zu einem sehr kritikanfälligen Unterricht kommt. Es gibt allerdings auch Menschen, die nie erwachsen werden.

Lehrer zu sein ist in jedem Fall nicht so einfach, wie man denkt. Die Ausbildung beginnt nach der Ausbildung, irgendwo zwischen Kindern, Eltern, Schulleitung, Erlassen und dem eigenen Vermögen. Man steht zwischen den Stühlen, ohne begriffen zu haben, dass es eigentlich um die Kinder gehen sollte. Nur wenige machen sich darüber Gedanken. Es scheint kein Interesse vorhanden zu sein und die Kinder werden nur selten gefragt. Welcher Lehrer setzt sich wirklich für die Belange der Kinder ein? Lehrer führen Listen, dokumentieren, werten aus, schreiben und überarbeiten Konzepte, erstellen Kriterien und machen Bewertungsvorgaben.

Außerdem leiten sie Konferenzen oder nehmen daran teil, besuchen pädagogische Runden, arbeiten mit außerschulischen Institutionen zusammen, mit dem Kindergarten, mit der weiterführenden Schule, und bilden sich vielleicht auch einmal fort.

Diese Liste lässt sich noch weiter fortsetzen, sind doch die Aufgabenbereiche eines Lehrers in den letzten Jahrzehnten gewachsen und stärker bürokratisiert worden. Jede Schule braucht nun ein Profil, ein Alleinstellungsmerkmal, eine umfangreiche und aktuelle Homepage, Leitlinien, ein Schulprogramm und ist angehalten, im Sinne moderner Pädagogik die Schule weiterzuentwickeln. Wenn noch Zeit übrig ist, gehört sie selbstverständlich den Kindern.

> **Die Rolle eines Lehrers muss neu gestaltet werden. Nicht der Lehrer gehört in den Mittelpunkt, sondern die Kinder.**

Es gibt viele Lehrer, die kein gutes Vorbild sind. Manche haben sich in den Ansprüchen verloren und erscheinen leer. So stehen sie vor der Klasse und versuchen Kompetenz zu vermitteln, aber die Ergebnisse sind nicht immer optimal. Dabei nehmen sie sich oft viel zu wichtig und vergessen ihre eigentliche Aufgabe, nämlich den Kindern gerecht zu werden. Ein Lehrer muss nicht unbedingt immer vorne vor der Klasse stehen. Es geht auch anders. Lehrer gehören an die Seite der Kinder und sie sollten sich auch als Lernende verstehen. Eine Lösung wäre sicher die Entbürokratisierung der Vorgänge in der Schule, wenn dadurch die Lehrtätigkeit wieder in den Vordergrund rückt und nicht die Freizeit der Lehrer. Gleichzeitig sollten die Kinder Ausgangspunkt für jede Lehrtätigkeit sein, nicht die Fächer und nicht das Interesse des Lehrers oder gar der Politik.

Wenn die Zufriedenheit und der Lernerfolg der Kinder zum Maßstab werden, müssen sich Lehrer anpassen. Eine Lösung wäre dann die Verpflichtung zum *Teamteaching*. Elemente modernen und klassischen Unterrichts können miteinander verknüpft werden und neue Lehrer können sich auf der einen Seite orientieren, aber auch neue Aspekte mit einbringen. Voraussetzung ist Aufgeschlossenheit und Veränderungsbereitschaft. Lehrer, die nicht bereit sind, ihren Unterricht zu verändern, sind in der Schule überflüssig. Jedes Kind ist anders, jede Klasse ist anders und deshalb muss auch jeder Unterricht anders sein. Klassenzimmer sollten immer offen sein und professionelle Zusammenarbeit aller Beteiligten eine Verpflichtung.

Grundvoraussetzung für den Lehrerberuf sollte es sein, Kinder zu mögen. Vielleicht sollte auch das Wort UNTERRICHTEN entfernt werden, AUFRICHTEN ist doch viel besser, aber dafür muss man Kinder auch verstehen und sie lieb haben können.

3 |
Grundschullehrer sein
ist eine Berufung

Die bisher schönste Zeit in meinem Leben war die Zeit mit meinem Kind zu Hause. Ich liebte es, schwanger zu sein, habe jeden Ratgeber gelesen und verworfen, Bauchtanz für Schwangere gemacht und viel Schokolade gegessen. Unsere Tochter wurde in unserem Schlafzimmer geboren. Ich erinnere mich an Kerzenschein, *Peter Gabriel* und eine unglaubliche Dankbarkeit für meine Hebamme und meinen Mann, die bei dem größten Glück der Erde dabei waren. Ich hatte absolutes Vertrauen in mich und meinen Körper und wusste, dass ich mit allen Sinnen die Geburt unseres Mädchens erleben möchte. Im Vorfeld hatte ich meine Hebamme gefragt, wie schlimm denn die Schmerzen wären. Was sie antwortete, möchte ich jetzt nicht wiederholen. Damals war ich ungläubig, kann es aber heute bestätigen. Gut, dass ich keine Zeit hatte, mir das Ganze noch zu überlegen. Der Moment, in dem sie sagte: »Hier hast du deine Tochter«, war der glücklichste in meinem Leben, denn ich hatte meine Tochter zur Welt gebracht.

Mütter mit Babys tauschen sich immer über die Geburt aus. Treffen zwei Kinderwagen aufeinander, geht es schon los. »*Und wie war deine Geburt?*« Ich war nur etwas verwundert über das, was mir berichtet wurde. »*Der Arzt hat gesagt... Ultraschall... Untersuchung hat ergeben, dass... Medikamente, Wartezeit, der andere Arzt hat dann gesagt, dass er das Kind holen muss, Kaiserschnitt, Wehenmittel, Medikament zur Lungenreife...*« Ich war entsetzt. Meine

Geschichte wollte niemand hören, hatte ich doch eine wunderbare Schwangerschaft und Geburt erlebt. Anscheinend war keine Aufmerksamkeit für Glück zu bekommen. Stattdessen hörte ich mir das Gegenteil an. Mit der Schwangerschaft scheint eine Krankheit zu beginnen. Warum sonst sollten regelmäßige Ultraschalluntersuchungen gemacht werden? Nur eine Krankheit erfordert ein Sicherheitsgefühl, aber scheinbar brauchen werdende Mütter das. Warum lassen sie sich freiwillig regelmäßig beim Arzt wiegen? Haben die keine eigene Waage? Ich machte das lieber selbst, dafür brauchte ich keinen Arzt.

Die Gefahren einer Geburt werden so massiv dargestellt, dass Geburten nur im Krankenhaus als sicher gelten. Medizinische Geräte und die Notfallversorgung wiegen die werdende Mutter in scheinbarer Sicherheit. Doch wie fühlt sich das ungeborene Kind? Kann es die Angst der Mutter wahrnehmen? Nimmt es die Aufregung wahr und wie erlebt es die Geburt? Medikamente, angeschlossene Geräte und ein Kaiserschnitt erhöhen sicher nicht das Vertrauen des Kindes in seine Mutter. Nach der Geburt wird es vom Krankenhauspersonal gewaschen, untersucht und angezogen. Erst dann darf es zu seiner Mutter und sich sicher und geborgen fühlen.

Der Beruf der Hebamme muss wundervoll sein, also zumindest außerhalb eines Krankenhauses. Eine Hebamme kann Mütter dabei unterstützen, den Geburtsvorgang möglichst natürlich zu gestalten. In der Schwangerschaft hatte ich die Idee einer Wassergeburt. Mein Kind sollte in der Badewanne zur Welt kommen. Da unsere Wanne zu schmal war, fuhren mein Mann und ich in eine Bäderausstellung und ich stellte eine Wassergeburt nach, um die richtige Größe zu finden. Danach musste er die große, neue

Badewanne einbauen. In der Geburtsnacht stellte ich dann fest, dass das Wasser viel zu schnell kalt wurde und die Gasheizung gar nicht so schnell heißes Wasser nachliefern konnte, wie ich es wollte. Also musste mein Mann mit dem Wasserkocher heißes Wasser aufheizen und nachschütten. Dieser plötzliche Temperaturwechsel löste aber Wehen aus und so verwarf ich meinen Plan mit der Wassergeburt und wechselte auf den Teppich im Schlafzimmer. Das Bett war nämlich zu weich. Ich erinnere mich auch noch an »Mach die Musik wieder an, ohne Musik geht es nicht!«. Musik statt Medikamente.

Den ganzen Geburtsvorgang gestaltete ich nach meinem Gefühl. Ich habe über jeden einzelnen Schritt entschieden. Ich vertraute mir und der Erfahrung meiner Hebamme. Ich wusste: beim kleinsten Problem würden wir ins Krankenhaus fahren. Ich wusste aber auch, dass alles gut werden würde und hatte den großen Wunsch, meiner Tochter zu zeigen, dass sie mir vertrauen kann.

Sieben Jahre war ich zu Hause und habe jeden Tag mit meiner Tochter verbracht. Sie hat mir gezeigt, was sie braucht, und ich konnte zusehen, wie sie zu einem großen, tollen Mädchen heranwächst. Wir waren immer zusammen und so konnte ich Erfahrungen für meine Berufung als Grundschullehrerin sammeln. Kinder brauchen die vier Elemente Feuer, Wasser, Luft und Erde. So waren wir jeden Tag draußen. Es war mir wichtig, Wetter zu erleben und in der Natur zu sein. Wir waren im Regen spazieren, haben Bohnen gepflanzt, Steine in den Kiesteich geworfen, Meerschweinchenbabys bekommen und haben vegetarische Würstchen an Stöcken ins Feuer gehalten.

Kinder wollen mit ihren Eltern und der Familie zusammen sein. Je größer die Familie ist, desto größer ist das Gefühl der Sicherheit. Vielleicht ist in uns immer noch der Urgedanke verhaftet, dass ein alleingelassenes Kind dem Tode geweiht ist. Es braucht die Eltern zum Überleben. Ein Baby sollte niemals von der Mutter getrennt sein. Ein kleiner Mensch kann Urvertrauen nur weiterentwickeln, wenn er sich sicher fühlt. Wenn ein Säugling weint und die Mutter ihn sofort stillen kann, empfindet das Kind keinen Stress. Man darf niemals ein Kind weinen oder allein lassen. Babys brauchen Nähe, Kontakt und das Gefühl, umsorgt zu sein.

Auch mir wurde empfohlen, mein Kind doch lieber im eigenen Zimmer schlafen zu lassen, und etwas weinen würde auch nicht schaden. Woher weiß man das? Ich verschob diese Dressur. In meinen Augen ist es Kindeswohlgefährdung, ein Baby weinen zu lassen, damit es lernt, allein einzuschlafen. Das sollte meiner Meinung nach für jeden Menschen gelten. Wir brauchen eine Welt, in der niemand weinend einschlafen sollte. Mein Baby hat neben mir geschlafen und wenn es wach war, konnte ich es stillen und gleich wieder einschlafen. Wir haben uns beide sehr geborgen gefühlt.

Auch hier geht es um die Bedürfnisse des Kindes, die Vorrang vor denen der Eltern haben sollten. Mütter, die geschminkt und gestylt einen Kinderwagen vor sich herschieben, machen mich skeptisch. Da kann etwas nicht stimmen. Wenn sie dann auch noch ein Handy vor sich in der Hand halten, liegt der Verdacht nahe, dass sie sich selbst viel zu wichtig nehmen und ihre Belange vor die des Kindes stellen.

Kinder haben ein Recht auf die ungeteilte Aufmerksamkeit ihrer Eltern. Sie brauchen die Kommunikation und die Rückmeldung. Kinder brauchen Sicherheit.

Kein Kind möchte von seiner Familie getrennt sein. Kinder wollen nicht in eine Krippe, sie werden dazu gezwungen. Sicher gibt es Familien, in denen beide Elternteile arbeiten müssen und keine flexiblen Arbeitszeiten haben. Sicher gibt es Alleinerziehende, die keine andere Möglichkeit haben. Es gibt auch Familien, bei denen es besser ist, wenn die Kinder nicht zu viel Zeit zu Hause verbringen. Deshalb ist es wichtig, dass es eine Krippe gibt. Keine Frage, aber gut und richtig ist es nicht. In der Nutella-Werbung wird uns die perfekte Familie gezeigt. Mutter und Vater gehen beide arbeiten, zwei Kinder, alle sind sportlich und essen Nutella. Spinnen wir das Bild weiter: Zum Standard gehören zwei Autos, vier Handys, ein Sommerurlaub, Skiurlaub usw. Die Frage ist doch: Was brauchen Kinder in den ersten Jahren? Kein Nutella und auch keinen Urlaub. Würde man die Kinder fragen, würden sie sich wünschen, dass ihre Mutter oder ihr Vater zu Hause sind und sie nicht irgendwo gut gemeint aufbewahrt werden.

Liebe Eltern, wenn ihr ein Kind haben wollt, dann kümmert euch auch darum. Kinder sind keine Erfüllungsgehilfen. Kinder haben Rechte! Die Zeit, sie loszulassen, kommt früh genug. Kinder zeigen uns sehr genau, wann sie andere Kinder brauchen, und erst dann ist der Zeitpunkt für den Kindergarten gekommen. Mit dreieinhalb Jahren besuchte unsere Tochter den Waldkindergarten und ich durfte sie manchmal begleiten. Noch heute ziehe ich meinen Hut vor den beiden Erzieherinnen, weil sie mit ganzem Herzen dabei waren und Waldpädagogik lebten.

Kinder brauchen andere Kinder zum Spielen. Eine große Baumwurzel kann Kinder zu fantasievollen Spielen anregen, ein Bach wird nie uninteressant und ein Zelt aus Ästen zu bauen ist immer wieder eine Herausforderung. Kinder brauchen Zeit und Muße.

Fragen entstehen von allein und wollen beantwortet werden. So entstehen Lernsituationen auf eine ganz natürliche Art. Nur dann können Kinder lernen. Sie lernen und bilden ihre Kreativität und Neugierde weiter aus. Die Verbundenheit mit der Natur, sich schmutzig zu machen und frische Luft machen die Kinder ausgeglichen. Nach drei Stunden im Wald war unsere Tochter zufrieden und ruhte in sich.

Oft bin ich auf Unverständnis gestoßen, warum ich denn nicht wieder arbeiten würde, ich könne doch Geld verdienen. Und warum ich denn schließlich studiert hätte. Während meines ganzen Studiums habe ich nicht halb so viel gelernt wie in den Jahren mit meiner Tochter zu Hause. Sie hat mir beigebracht, wie Kinder lernen. Voraussetzung ist jedoch, dass man mit dem Herzen dabei ist. Wenn man nämlich nicht mit dem Herzen beim Kind ist, akzeptiert man sein Handeln nicht. Ich habe es genossen, Mutter und auch Frau zu sein. Mir ist auch deutlich geworden, warum Männer ein verstümmeltes Chromosom haben. Wir Frauen sind Schöpfer neuen Lebens, wir tragen eine Urkraft in uns. Deshalb sprechen wir auch von Mutter Erde. Gott ist bestimmt auch eine Frau.

Was mich betrifft: Durch die Jahre, die ich zu Hause mit meiner Tochter verbracht habe, bin ich erst eine richtige Grundschullehrerin geworden. Und ja, meine Tochter ist ein Lehrerkind. Sie konnte schon mit vier Jahren die ersten Wörter lautorientiert schreiben. Am Ende der 4. Klasse hatte sie eine fehlerfreie Rechtschreibung. Die lautorientierte Schreibweise hatte sie entgegen vieler Stimmen vergessen. So viel zum Thema Verbot der Methode *Lesen durch Schreiben*, weil die Kinder lernen würden, auf Dauer fehlerhaft zu schreiben.

Fast gleichzeitig mit meiner Tochter bin ich wieder eingeschult worden. Als Mutter konnte ich endlich die Bedürfnisse der Kinder in der Schule wahrnehmen. Ich konnte auch die Eltern verstehen und ganz anders mit ihnen zusammenarbeiten. Es fiel mir leicht, eine Beziehung zu den Kindern aufzubauen und mit ihnen gemeinsam Zeit in der Schule zu verbringen. Gerne werde ich noch zitiert mit den Sätzen: »In der Woche arbeite ich nicht. Da darf ich mit Ihren Kindern zusammen sein. Ich arbeite nur am Samstag, wenn ich die nächste Woche vorbereite.« Montags haben wir die Woche besprochen. Es gab einen Stundenplan mit einer groben Struktur durch den Fachunterricht. Die meisten Stunden habe ich als Klassenlehrerin gegeben. Die Kinder hatten einen individuellen Wochenplan. Jedes Kind hatte in meinen Fächern unterschiedliche Aufgaben. Sie konnten sich ihre Zeit frei einteilen und Hausaufgaben waren in den Aufgaben integriert. Wer seine Aufgaben in der Schule geschafft hatte, musste nichts zu Hause erledigen. Jeden Tag haben wir im Sitzkreis etwas Neues erarbeitet und ein Thema besprochen. Am Freitag fand unser Klassenrat statt, den die Kinder selbst geleitet haben. Die Themen hatten sie über die Woche gesammelt und wurden nun samt Protokollführung abgearbeitet. Ich durfte mich kaum einmischen. Gerne erinnere ich mich an die Aussage: »Also Frau Höltje, echt jetzt, du bist jetzt nicht dran. Wir machen das schon.« Wir waren die leiseste und liebste Klasse der Schule.

Jeden Morgen kamen die beiden Klassensprecher zu mir und wir haben den Vormittag durchgesprochen. Dann haben wir *Want to want me* von Jason Derulo als Startzeichen für den Schultag ganz laut gehört und mitgesungen. Alle haben sich hingesetzt und ihre Sachen herausgeholt. Unsere Begrüßung war eine Mischung aus

Klatschen, Stampfen und »*Moin, Moin, Moin*« brüllen. Danach haben die Klassensprecher den Vormittag mit uns allen durchgesprochen. Dabei war es immer ganz leise, aber immer auch lustig. Humor und Lachen ist so unglaublich wichtig für Kinder. Nur mit Begeisterung und Freude bleibt das Interesse erhalten. Wir haben immer gelacht. Gerne über irgendeinen Blödsinn. Der typische Zappelphilipp braucht Momente, in denen er laut und überschwänglich sein darf. Die Begrüßung aus Bewegung und Lautsein verschafft ihm diesen Freiraum. Den ganzen Vormittag über haben wir solche Phasen eingebaut. Immer wieder Bewegung, Lachen und auch Lautstärke. Singen und Tanzen sollten essenzielle Bestandteile eines Schultages sein. Wenn Kinder lachen, haben sie das Gefühl, dass alles in Ordnung ist.

Grundschullehrerin zu sein ist für mich mein Leben gewesen. Ich bin jeden Tag gerne in die Schule gegangen und habe begeistert mit den Kindern an unserem Lernsystem gearbeitet, auch, um es zu verbessern. Wir haben immer *zusammen* gelernt. Nicht alle Lehrer mögen ihren Beruf und teilen diese Begeisterung. In meinem ganzen Lehrerdasein habe ich insgesamt acht Grundschulen kennenlernen dürfen und auch viele Lehrer von anderen Schulen, die ähnliche Erfahrungen mit ihren Kollegen gemacht haben wie ich. Ein Lehrer, der seiner Berufung folgt, kommt in einem Kollegium manchmal aus dem Staunen nicht heraus. Es gibt da so Momente, da kann man sich nur wundern. Im Folgenden berichte ich von meinen Erfahrungen, aber auch von Erlebnissen, die mir erzählt wurden. Es gibt Lehrer, die nicht gerne in die Schule gehen, und es gibt tatsächlich Lehrer, die mögen Kinder nicht. Manchen sind Kinder auch einfach egal. Andere sind gemein und stellen Kinder bloß. Es sollte für den Lehrerberuf

Grundvoraussetzung sein, dass man Kinder mag und dass man in der Lage ist, sich ihnen gegenüber anständig zu verhalten. »*Bist du echt so doof? So langsam musst du es doch kapiert haben.*« Mit so einer Aussage darf man ein Kind nicht konfrontieren.

> **Viele Lehrer sind mit den neuen Aufgabenbereichen überfordert oder frustriert, weil die Kinder heute anders sind als früher und sie – die Lehrer – keinen Zugang mehr finden.**

Inklusion ist etwas absolut Menschliches und eine Selbstverständlichkeit. Was ist aber, wenn diese Kinder von Lehrern als *bescheuert* bezeichnet und dann ausgegrenzt werden? Wie kann es sein, dass sich Lehrer so verhalten? Üblicherweise steht der Lehrertisch vorne neben der Tafel. Daran wird schon die Einstellung des jeweiligen Lehrers deutlich. Der Unterricht besteht aus Lehrervortrag, Gespräch, Stillarbeit. Danach dürfen sich die Kinder etwas bewegen, wenn sie sich in einer langen Schlange vor den Lehrertisch stellen, um ihre Ergebnisse zu zeigen, weil sie einen Smiley bekommen wollen. Das ist immer noch Alltag in vielen Schulen. Lehrer, die ein Schulbuch aufschlagen, die Aufgaben erklären, und dann sollen alle arbeiten. Was ist mit dem Inklusionskind im Bereich *Lernen?* Was ist mit dem Kind mit der *Lese-Rechtschreib-Schwäche?* Was ist mit dem Kind, das eine *Hörwahrnehmungsschwäche* hat? Jedes einzelne Kind hat Bedürfnisse und einige benötigen eine besondere Ansprache und Aufbereitung der Aufgaben. Es gibt Lehrer, die weigern sich, ihren Unterricht an solche Kinder anzupassen. Bei manchen Menschen ist keinerlei Veränderungsbereitschaft vorhanden. Arme Kinder. Armes Deutschland.

> **Lehrerzentrierter Unterricht hat genauso seine Daseinsberechtigung, nur sollte er sich an den Bedürfnissen der Kinder orientieren und nicht an Schulbüchern.**

Ich kenne eine Lehrerin, die mit Spaß und Elan Kinder begeistern kann, dass es Freude macht, sie dabei zu beobachten. Wenn sie etwas erklärt, hören alle Kinder zu, weil sie sich mitreißen lassen. Sie lacht, macht Witze, fordert die Kinder heraus und lenkt die Aufmerksamkeit die ganze Zeit auf sich. Das gelingt ihr, weil die Kinder sie mögen und sie von ihr angenommen werden. Da ist Frontalunterricht sinnvoll. Die Kinder mögen es, weil sie sie mögen.

Es gibt Schulen, da haben die Lehrer einen Wettbewerb, wer als Letztes das Lehrerzimmer verlässt, um in den Unterricht zu gehen. Das gilt aber nicht für den Schulschluss. Wo ist da die Vorbildfunktion? Ebenfalls gibt es Lehrer, die jeden Morgen zu spät kommen. Schwellenpädagogik ist nicht nur ein Begriff, Schwellenpädagogik existiert. Damit ist gemeint, dass die Unterrichtsplanung an der Türschwelle zum Klassenraum entsteht. Manche Lehrer merken sich nicht die Namen der Kinder. Einige Lehrer weigern sich, Ausflüge und Klassenfahrten zu unternehmen. Die Klasse hat dann Pech gehabt. Es gibt Schulen, da sind alle Klassenzimmertüren verschlossen. Niemand darf den Unterricht der anderen sehen. Manchmal ist es Eltern verboten, die Schule zu betreten. Über Hospitationen reden wir erst gar nicht.

Es gibt Lehrer, die nur in der 1. Klasse arbeiten dürfen, weil sich die Kinder da noch nicht wehren. Andere machen den Kindern absichtlich Angst, um so ihre Ruhe zu behalten. Viele weigern sich, an Fortbildungen teilzunehmen. Es gibt Lehrer, die in

Konferenzen losheulen, wenn sie einen Anflug von Kritik hören, um dann aus dem Raum zu rennen, gefolgt von einer Schar Kolleginnen, die sie trösten wollen. Danach ist das Thema vom Tisch. Dazu ein schönes Beispiel: Die Schule wünschte sich seit Jahren einen Farbkopierer, der nun endlich vom Schulträger, der sich bis dahin immer um die zusätzlichen Kosten gesorgt hatte, gekauft wurde. Jeder Lehrer hatte eine Kopierkarte und kopierte so auf sein Konto. Dazu gab es genaue Anweisungen: zum Beispiel war es verboten Klassensätze in Farbe zu kopieren. Nach dem ersten Halbjahr sollte auf der Dienstversammlung besprochen werden, wie denn nun das jeweilige Kopierverhalten aussähe und welche Kosten entstanden wären. Die Liste mit Namen der Lehrkräfte und der Anzahl der Farb- und Schwarz-Weiß-Kopien sollte herumgegeben werden, damit jeder eine Rückmeldung bekommen würde. Der erste Lehrer schaute auf die Liste, schrie auf und lief heulend aus dem Raum: »Das stimmt nicht! Das ist gelogen!« Eine Schar Hühner lief hinterher. Das Ergebnis war, dass jeder weiterhin kopieren konnte, wie er wollte. Eine Liste war den Lehrern nicht zuzumuten. Die zusätzlichen Kosten blieben undiskutiert.

Es gibt Schulen, die verteilen ihre Topfstunden[4], die eigentlich für besondere Aufgaben wie zum Beispiel die Betreuung der Schülerzeitung gedacht sind, für das tägliche Kaffeekochen im Lehrerzimmer. Die Lehrer, die sich engagieren, gehen dann leer aus, aber dafür fühlen sich die Kollegen nicht im Zugzwang, denn sie haben

---

4 Je nach Schulgröße verfügt die Schule über ein kleines Kontingent an Verfügungsstunden, um besondere Tätigkeiten auszugleichen. Wenn für die Organisation der Bücherei eine Topfstunde vorgesehen ist, dann unterrichtet die jeweilige Lehrkraft eine Stunde weniger. Die Tätigkeiten und eine Schwerpunktsetzung werden von der Schulleitung und dem Kollegium festgelegt.

ja ihre Belohnung bekommen. Was passiert wohl, wenn nun eine neue Kollegin frisch und voller Eifer in die Schule kommt und einfach nur guten Unterricht machen möchte? *»Wenn du immer so tolle Sachen machst, dann fühlen wir uns schlecht. Unsere Schüler und die Eltern wollen das dann auch und dann stehen wir unter Druck. Das geht doch nicht. Kannst du dich nicht einfach zurücknehmen?«* – *»Du bist immer die Tolle! Du hast Eltern, die dich unterstützen. Dir fliegt das alles so zu und ich habe gar nichts. Dich mögen alle und ich bin immer nur am Arbeiten. Das lasse ich mir von dir nicht mehr gefallen. Mit mir machst du das nicht!«* Das ist Konkurrenzdenken im Lehreralltag. In einem Kollegium waren die Lehrerfächer im Lehrerzimmer eigenartig verteilt. Die älteste Kollegin belegte vier Fächer, die anderen jeweils zwei und die neue, engagierte Lehrerin bekam über Jahre hinweg gar keins. Sie passte sich ja auch nicht an. Selbst schuld.

Noch ein schönes Beispiel: Eine 3. Klasse ist Anfang November auf Klassenfahrt an die Nordsee gefahren. Danach haben die Schüler ihre Tagebücher ausgearbeitet, Aquarien aus Eierschachteln gebastelt, Informationsblätter zu den Nordsee-Tieren erarbeitet usw. Am Ende wurde alles kunstvoll in der Pausenhalle ausgestellt. Alle waren begeistert und standen staunend vor den tollen Ergebnissen. Die Lehrer haben sich bei der Schulleitung daraufhin beschwert, wer denn erlaubt hätte, in der Pausenhalle etwas auszustellen. Das würde Neid bei den Mitschülern hervorrufen. Die Schulleitung hat noch am selben Tag die Ausstellung verboten, weil Ende November nur weihnachtlicher Schmuck in der Pausenhalle erlaubt wäre.

Um wen geht es hier eigentlich? Geht es hier um die Bedürfnisse der Kinder oder um die Befindlichkeiten der Lehrer? Ich bin dankbar, dass ich nicht so eine Traumatisierung wie manch eine andere Lehrkraft durchleben musste. Ein Beispiel, dass ich erlebt habe: Einmal haben Schüler mir erzählt, dass sie in ihrer Klasse nichts trinken dürften. Die Klassenlehrerin hatte es verboten. Brauchen wir nicht viel Wasser, um lernen zu können? Ich dachte immer, ich müsste die Kinder daran erinnern, zwischendurch etwas zu trinken. Die Klassenlehrerin machte mich darauf aufmerksam, dass sie es nicht okay finden würde, wenn Trinken im Fachunterricht erlaubt wäre und ich es gleichzeitig verbieten würde, dass die Kinder in der Frühstückspause Süßigkeiten essen. Ich dachte immer, dass ich so die Eltern erziehen würde, den Kindern ein gesundes Frühstück mitzugeben. Ist das nicht auch unser Erziehungsauftrag? Kinder an gesunde Ernährung heranzuführen? Scheinbar nicht in allen Klassen.

Was passiert eigentlich, wenn Lehrer Kindern mit Absicht Angst machen? Was passiert eigentlich, wenn ein Lehrer einen Tisch, auf dem Material liegt, vor den Augen und zarten Beinen der Kinder vor Wut umschmeißt? Was passiert eigentlich, wenn Lehrer Kinder so lange anschreien, bis sie weinen? Wird es wirklich geduldet, dass Lehrer besondere Kinder ausgrenzen, indem sie in einer Ecke sitzen müssen und einfach nicht beachtet werden?

Ein Mädchen kam mit dem Förderbedarf *Lernen* in eine Grundschule; ein Inklusionskind, das auf jeden Fall mehr Zeit zum Lernen braucht. Im Kindergarten hatte es wenige Freunde gefunden, weil Kinder und Eltern mit ihrem Verhalten nicht einverstanden waren. Der Klassenlehrer nahm nun seinen Erziehungsauftrag sehr ernst. Das Mädchen bekam einen Einzeltisch hinten im Raum. Nach zwei Wochen hatten sich Streitereien gehäuft, sodass der Klassenlehrer nun mit allen Kindern ins Gespräch kommen wollte. Im Sitzkreis wurden die Kinder aufgefordert, der Reihe nach zu sagen, was sie an dem Mädchen nicht mögen. Ein Kind mit sechs Jahren in der 1. Klasse folgt den Aufträgen des Lehrers und so haben sie dem Mädchen alle ihre Abneigung erklärt. Wie hat sie sich wohl gefühlt? Kann sie dieses Trauma irgendwann überwinden? Sie musste vier Jahre bei dem Lehrer bleiben, der sie darüber hinaus auch nicht mit anderem Material versorgte, sondern im Unterricht der anderen mitlaufen ließ.

Wie kann es sein, dass sich in deutschen Schulen solche Situationen abspielen? Wie kann es sein, dass Lehrer als Beamte viel Geld verdienen, aber scheinbar gleichzeitig machen können, was sie wollen? Wie weit geht das Vertrauen, das der Staat in seine Staatsdiener legt? Über das Wohl der Kinder hinaus? In meinen Augen geht es hier um die Aufrechterhaltung eines Systems, das so überhaupt keinen Sinn mehr ergibt. Es ist falsch, dass sich Lehrer in absoluter Sicherheit wiegen können. Im schlimmsten Fall sind sie krankgeschrieben. Eine fatale Situation, haben wir doch in ganz Deutschland einen Mangel an Lehrern, Erziehern und Therapeuten. Dafür haben wir jede Menge Quereinsteiger, die sicherlich besonders pädagogisch arbeiten. Na klar. Wer will heute noch Lehrer werden? Zu wenige stellen sich den Herausforderungen. Gelockt werden Menschen mit einem großen Sicherheitsbedürfnis. Als Beamter bist du in Sicherheit. Dein Leben lang. Viel Freizeit und viel Urlaub bei guter Bezahlung. Ist den Universitäten eigentlich klar, dass heute andere Kinder beschult werden? Die Bedingungen haben sich geändert. Hat sich das Studium angepasst? Noch kommt an der Basis nichts an.

Früher haben wir in der Schuleingangsuntersuchung Schuhe zubinden lassen. Das haben die Kinder im Kindergarten oder von ihren Eltern gelernt und musste zum Schulbeginn gekonnt sein. Heute haben wir Kinder in der 1. Klasse, die sich noch nicht die Strümpfe anziehen können. Das bringen ihnen dann die Lehrer bei. Andere lernen in der Schule, wie man sich unter dem Wasserhahn die Hände wäscht. »*Eine Hand wäscht die andere. Wir verteilen die Seife zwischen den Fingern. Genau. Und jetzt können wir alles abspülen.*« Viele Kinder haben Sprachauffälligkeiten. Um einen Termin bei einem Logopäden zu bekommen, braucht es schon mindestens ein halbes Jahr Wartezeit – oder eine private Krankenversicherung. Im Förderunterricht üben dann die Lehrer den Unterschied zwischen *K* und *G* mit dem Kind, damit es überhaupt eine Chance hat, am Schriftspracherwerb[5] teilzunehmen. Migrationskinder, die unsere Sprache erst noch lernen müssen, erhalten DAZ (Deutsch als Zweitsprache), vorausgesetzt es sind genügend Lehrerstunden vorhanden, um den Kindern Hilfestellung zu geben.

Ich kenne Lehrer, die nach ihrem Unterricht mit Kindern üben, weil sie ihnen wichtig sind. Lehrer, die nicht ihre Unterrichtsstunden zählen, sondern einfach das tun, was richtig ist. Nämlich diesen Kindern die Chance zu geben, am normalen Unterricht teilnehmen zu können.

Besondere Kinder brauchen mehr Aufmerksamkeit und auch die 1:1-Situation. An dieser Stelle wäre auch der Einsatz von pädagogischen Mitarbeitern sinnvoll. Wenn jede Klasse Unterstützung durch eine weitere Kraft hätte, wäre vielen Kindern schon gehol-

---

5   Lesen und Schreiben lernen

fen, weil dann Einzelsituationen oder Kleingruppenarbeit möglich wären. Wenn Eltern den Lehrer in der Klasse unterstützen, hat dieser auch mehr Zeit, um sich auf einzelne Kinder zu konzentrieren. Dreh- und Angelpunkt bleibt die Position des Lehrers als Einzelkämpfer. Wenn er es schafft, die Klassenzimmertür zu öffnen, und weitere Personen einlädt, mit ihm zusammenzuarbeiten, dann könnte es auch mit einem großen Anteil besonderer Kinder funktionieren.

Kinder sind heute anders. Einige bringen immer noch die gleichen Fähigkeiten mit wie früher. Das sind die Guten mit familiärem Background. Andere sind schon durch die Schwangerschaft oder die Geburt traumatisiert oder weil sie schon früh in die Krippe gegeben wurden. Das merkt man den Kindern oft an. Es fehlt ihnen etwas. Sie ruhen nicht in sich, sind unsicher und haben eine kurze Aufmerksamkeitsspanne. Die Erzieher in Krippe und Kindergarten machen gute Arbeit, haben aber zu viele Kinder zu betreuen, die oft zu jung abgegeben werden. Sie sind einfach überfordert.

Ja, wir haben heute andere Kinder, was jedoch nicht an ihnen liegt. Sie wären noch genauso wie früher, wenn sich die Familienstrukturen nicht geändert hätten und der Hang zur Abgabe der Verantwortung bestehen würde.

Heute arbeiten Mutter und Vater, die Arbeitszeit ist durch das Pendeln verlängert, die Großeltern wohnen weit entfernt, die Nachbarn sind unbekannt und weitere Bezugspersonen fehlen. Wir können nicht erwarten, dass sich diese veränderte Situation nicht auf das Potenzial unserer Kinder auswirkt. Das Sicherheitsgefühl und damit verbunden das Urvertrauen ist nicht mehr das gleiche.

Kinder brauchen Freiheit, Natur, Zeit und Muße. Sie brauchen die vier Elemente, um ausgeglichen aufzuwachsen. Wie sieht das bei Kindern von heute aus? Es fehlt an natürlichem Erleben und das hat Auswirkungen auf ihr Verhalten. Die Kinder wachsen in einer künstlichen Welt auf. Wie sollen sie sich da normal verhalten, wenn grundlegende Erfahrungen fehlen? Wenn im familiären Umfeld keine Naturerfahrungen ermöglicht werden, müssen Kindergarten und Schule dieses Defizit ausgleichen und Naturpädagogik anbieten. Wenn ein Lehrer seinen Beruf auf reine Wissensvermittlung begrenzt, kann er den Bildungs- und Erziehungsauftrag nicht erfüllen, weil emotionale, soziale und kognitive Kompetenzen immer miteinander verknüpft sein sollten. Nur dann ist Lernen erfolgreich. Ein Lehrer muss den Schülern entgegenkommen und sie in ihrer Persönlichkeit ernst nehmen. Jedes Kind ist anders und möchte gesehen werden – und hat auch ein Recht darauf. Diese Heterogenität[6] ist Herausforderung und Segen zugleich. Denn jedes Kind hat eine Begabung. Sie muss nur entdeckt werden.

Vielleicht wäre es sinnvoll, wenn Lehrer verpflichtend ein Jahr lang in einer sozialen Einrichtung arbeiten müssten, bevor sie in den Schuldienst gehen. Der Lehrer würde einen *normalen* Arbeitstag kennenlernen und nicht im Schulmodus verbleiben. Gibt es doch immer noch viele Lehrer, die sich diesen Beruf aussuchen, weil er so familienfreundlich ist, denn mittags ist Schulschluss. In so einem Praktikum würde sich schnell herausstellen, ob der Lehrer über genügend Empathie verfügt und eine Beziehung aufbauen

---

6   Heterogenität bedeutet in der Schule, dass jedes Kind etwas anders ist. Je unterschiedlicher die Lernvoraussetzungen der Schüler sind, desto höher ist die Heterogenität.

kann. Denn darum geht es eigentlich. Ist der Lehrer menschlich in der Lage, mit Kindern zu arbeiten, weil er sie versteht? Kann er sie begeistern und kann er sie interessieren? Hat er ein Gefühl dafür, wie es dem Kind geht und welchem Anspruch er begegnet?

Viele Kinder kommen heute mit Diagnosen in die Schule. Durchschnittlich betrifft dies bis zum Ende der Grundschulzeit ein Drittel der Kinder pro Klasse. *ADS, ADHS, LRS* und *Dyskalkulie* sind der Renner, im Kommen ist jetzt die *Hochsensibilität* und am beliebtesten ist die *Hochbegabung*. Es gibt Schüler, die ein *ADHS* diagnostiziert bekommen, um dann mit einem Medikament eingestellt zu werden, dabei würden manchmal einfach mehr Bewegung und Humor das Problem ausgleichen. Hören Sie es heraus? Geht es dabei um das Kind? Wer profitiert von dem Medikament? »*Ich fühle mich jetzt viel besser. Jetzt kann ich mich endlich konzentrieren und kriege keinen Ärger mehr.*« Ich bin kein Arzt und kein Therapeut, nur eine Lehrerin, die Kinder mag und traurig wird, wenn sie solche Sätze von Schülern hört. Das Tragische ist, dass die Kinder sich selbst nicht mehr mögen, wenn sie die Tabletten nicht nehmen.

Liebe Eltern, wenn es in der Schule Probleme gibt, liegt das nicht unbedingt an Ihrem Kind. Fragen Sie den Lehrer, wie er sich auf Ihr Kind einstellen möchte und was er ändern wird, und dann begleiten Sie eine Woche Ihr Kind im Unterricht. Ja, das dürfen Sie! Es geht um Ihr Kind und Sie haben die volle Verantwortung. Die lassen Sie sich auch bitte nicht von Lehrern, Ärzten oder Therapeuten nehmen. Vielleicht fragen Sie Ihr Kind und beteiligen es an den Gesprächen, und eine Veränderung ergibt sich im besten Fall von allein.

Kinder wollen sich erfahren, indem sie sich bewegen, singen oder über ihre Hände ausdrücken. Das brauchen Kinder. Die Schule muss viel mehr Bewegungszeiten anbieten, die Kinder sich selber nehmen dürfen. Feste Pausenzeiten sollten ergänzt werden durch Bewegungsmöglichkeiten. Singen und Tanzen sollten täglich eine Rolle spielen. Textil und Werken dürfen nicht wegrationalisiert werden. Wie viele Berufe setzen Kreativität voraus? Menschen, die sich kreativ ausdrücken können, können auch kreativ denken und das brauchen wir in der Zukunft! Wenn Kinder nicht mehr nur still sitzen und zuhören müssen, werden viele Diagnosen gegenstandslos. Kinder brauchen Vorbilder und keine Wissensvermittler. Grundschullehrer, die sich beispielsweise als Mathelehrer vorstellen, machen in dieser Aussage schon klar, dass sie etwas Grundlegendes nicht verstanden haben. Grundschullehrer unterrichten keine Fächer. Sie beobachten Kinder, nehmen sie wahr und ermöglichen ihnen, sich weiterzuentwickeln.

Und weil es so einen Spaß macht, Lehrergeschichten zu erzählen, habe ich hier noch eine kleine Anekdote. Eine Zeit lang war ich Teil eines Kollegiums, das im Großen und Ganzen nicht so innovativ arbeitete wie ich. Man beäugte mich manchmal durchaus aufgeschlossen, aber oft eher kritisch. Mein Unterricht war zu modern und mein Engagement für Kinder und Eltern zu hoch. Wenn ich Vorschläge in der Dienstversammlung machte, wurden sie meist abgelehnt. Auf einer Dienstversammlung war auch einmal der Tagesordnungspunkt *Zusammenarbeit im Kollegium* aufgenommen worden. Daraufhin wurden die Kollegen aufgefordert, doch alle bitte einmal zu formulieren, was sie an meiner Arbeitsauffassung stören würde. Die Folge war, dass die neuen Kollegen, die sich an mir orientiert hatten, Angst bekamen und sich infolgedessen doch lieber der allgemeinen Arbeitshaltung anpassten. Am nächsten Morgen hörte ich die Konrektorin sagen: »Mann, wir haben so ein geiles Kollegium! Das hat so gutgetan gestern!« Das sah ich allerdings etwas anders. Mal wieder ein Beispiel für gelebte Konkurrenz im Lehreralltag. Allerdings leider zu selbstverständlich. Vielleicht würde es auch reichen, wenn sie merken würde, dass es nicht in Ordnung ist, sich auf Kosten anderer darzustellen.

An einer anderen Schule hatte ich mir in den Kopf gesetzt, ein Mathelabor einzurichten. Ich stellte mein Projekt den beiden Damen der Mathe-Fachkonferenzleitung vor, zeigte Bilder und schaffte es, sie zu begeistern. Dafür hatte ich sie zu mir nach Hause eingeladen und einen Kuchen gebacken. Sie sollten zur Schulleitung gehen und ihr erzählen, dass wir dringend mehr Handlungsorientierung im Matheunterricht bräuchten und ein Mathelabor eine Lösung wäre. Gleichzeitig hatte ich auch dem Schulverein meine Idee vorgestellt und auch der Schulverein suchte die Schulleitung auf, um Bereitschaft zu zeigen, dass man ein mögliches größeres Projekt unterstützen könnte. So wurde das Mathelabor eingerichtet und in der Tageszeitung konnte nachgelesen werden, dass Schulleitung und Mathe-Fachkonferenz die großartige Idee hatten, Handlungsorientierung im Matheunterricht zu fördern. Wäre bekannt gewesen, dass die Idee von mir kam, hätte das Projekt keinen Zuspruch gefunden, aber so hatte ich geschickt mein Ziel erreichen können. Es geht immer auch anders.

Eine Schulleitung bat mich einmal, nicht immer an demselben Tisch im Lehrerzimmer zu sitzen. Ich würde immer nur Lehrer um mich herum versammeln, die ich mögen würde, und würde damit das Kollegium spalten. Ich möchte doch bitte an der großen Tafel sitzen und mich an den Gesprächen des restlichen Kollegiums beteiligen. Hörte ich da etwas Kritik herausunken? Eine weitere Schulleitung teilte mir einmal mit, dass sie es nicht gut finden würde, dass ich in meiner Klasse einen Sitzkreis mit Bänken vor der Tafel hätte. Acht Bänke, die ich mit meinem Mann gebaut und gestrichen hatte. Die anderen Kollegen könnten darüber stolpern und deshalb würde es die Arbeitssicherheit verbieten. Gleichzeitig wurde bemängelt, dass die Schulranzen der Kinder auf dem Flur stehen würden und nicht am Tisch. Dabei war ich froh, keine Stolperfallen mehr vorzufinden und den Kindern eine weitere Bewegungsmöglichkeit zu verschaffen, wenn sie ihr Frühstück oder anderes vom Flur holten. Nein, die Schulranzen gehörten laut Schulleitung an den Tisch. Nur so könnten alle gleichzeitig und schnell das Buch herausholen. Ich behielt meine Bänke und eine ranzenfreie Klasse. Im nächsten Schuljahr baute der Hausmeister Bänke für andere Klassen.

4|

Schulleitung sein und Qualitätsmanagement

Mein großes Ziel war, Schule anders zu gestalten. In erster Linie sollten sich Kinder in der Schule wohlfühlen können. Eine Schule sollte eine freundliche und aufgeschlossene Atmosphäre ausstrahlen und in jedem Detail deutlich machen, dass Kinder beteiligt waren. Eine Kinderschule sollte bunt und kindlich sein und mit dieser Vision bewarb ich mich auf eine Rektorenstelle. Ich wollte es anders machen. Im Gespräch über Schulentwicklung konnte ich den Dezernenten von mir überzeugen. Meine Positionen entsprechen zu 100 Prozent den Erlassen und dem Schulgesetz. Ich glaube, meine alte Schule war froh, dass ich befördert wurde. So konnte wieder Ruhe einkehren und die Kollegin mit den vielen Ideen setzte die anderen nicht mehr unter Druck. Ich war unendlich traurig, meine Kinder zurückzulassen. Wenn ich ein Jahr gewartet hätte, wären sie in die weiterführende Schule gekommen, aber dann wäre die Rektorenstelle vielleicht vergeben gewesen.

In den Sommerferien vor Dienstantritt sind meine Tochter und ich den E5[7] gewandert. Wir überquerten die Alpen zu Fuß. Ich dachte, wenn ich das schaffe, dann kriege ich auch die Schulleitung hin. Da ich Höhenangst hatte, war die größte Herausforderung die Talüberquerung in Holzgau mit der längsten freischwin-

---

7   Die sogenannte Alpenüberquerung am E5 ist eine der beliebtesten Weitwanderungen Europas. Vgl. https://www.weitwanderwege.com/die-alpenueberquerung-am-e5/ (abgerufen am 26.03.2023)

genden Hängebrücke in Österreich. Es wäre für mich nie infrage gekommen, einen Umweg zu gehen. Vielleicht wenn meine Tochter nicht dabei gewesen wäre, aber so wollte ich mich natürlich meinen Ängsten stellen und sie überwinden. Die Ohren waren zu, das Blickfeld eingeschränkt. Indem ich nur nach vorne auf das Ziel schaute, mit Konzentration auf die Ausatmung und eisernem Willen, ging ich schnurstracks auf die andere Seite. Dort hatte ich Tränen in den Augen. *Mein Wille ist stärker als meine Angst.* So wurde ich Schulleitung mit dem Wissen, dass mich Herausforderungen stärker machen.

Im Herbst veranstaltete meine Schule ein Schulfest. Ich wollte mich den Eltern und der Stadt als neue Schulleitung vorstellen. Für solche Zwecke hatte die Schule eine große Aula. Leider waren die Türen auf beiden Seiten der Halle brandschutzgerecht erneuert worden, aber vermutlich aus Kostengründen so schmal, dass sich der Raum aus Brandschutzgründen nur noch für höchstens 200 Personen eignete. So lernte ich schnell den Umgang (und manchmal Sinn und Unsinn) von Verordnungen, Gesetzen und der Bürokratie kennen. Alternativ bot sich die Turnhalle an. Hier waren die Türen zwar alt und mit einem Drehschloss versehen, das Kinder nicht öffnen können, aber Fluchtwege gab es über die Umkleidekabinen. Da war es auch nicht mehr so schlimm, dass kleine Hände die Türen der Turnhalle nicht aufbekamen.

Meine Schule war großartig. Wir hatten zufriedene Kinder und Eltern. Es gab nie Elternbeschwerden. Alle Lehrer haben sich um ihre Schüler bemüht. Das Kollegium hatte sich viele Jahre kaum verändert und es gab eine klare Ausrichtung, die die ältesten Kollegen vorgaben: »*Irgendwann passen Sie sich uns an. Das kriegen wir schon hin.*« Sie hatten sich zum Ziel gesetzt, mich der allgemeinen Ordnung anzupassen. Meine Vorgängerin hatte die Fokus-Evaluation (Schulinspektion in Niedersachsen) eingeladen, und über zwei Jahre hinweg arbeitete ich mit Leuten zusammen, die mich in der Schulentwicklung berieten. »Frau Höltje, hier werden Sie einen langen Atem brauchen.«

Bei uns herrschte Lehrermangel und die Veränderungsbereitschaft der vorhandenen Lehrer war bei null. Dazu ein Beispiel: Wir hatten zwei Stellen ausgeschrieben und es bewarben sich viele Quereinsteiger. Ein paar hatten wir zu Vorstellungsgesprächen eingeladen. Ich hatte Kärtchen als Impuls für die Gespräche vorbereitet. Darauf standen Schlagwörter wie *Inklusion, Leistungsbewertung, Lieblingsfach, Werdegang* usw. Eine meiner Kolleginnen äußerte als Teilnehmerin des Gesprächs den Wunsch, das Kärtchen mit dem Wort *Individualisierung* entfernen zu wollen. Sie begründete es damit, dass die Schule keinen individualisierten Unterricht mache, weil die Lehrer es nicht gut finden würden.

Inklusion ist etwas grundlegend Menschliches und sollte in meinen Augen eine Selbstverständlichkeit sein. Im Unterricht kann Inklusion nur durch Individualisierung umgesetzt werden. Wie kann man sich als Lehrer dagegenstellen?

Ich habe mich bemüht, eine Zusammenarbeit zwischen Förderschullehrkräften und den Grundschullehrern herzustellen. Es gab gemeinsame Dienstversammlungen, Vereinbarungen und auch viele Ideen. Ist davon etwas umgesetzt worden? Zwei Kollegen forderten von mir, doch bitte an die Behörde weiterzugeben, dass sie Inklusion nicht wollen, weil es sinnlos wäre. Diese Kinder sollten doch bitte wieder an die Förderschulen gehen.

Zum einen legt der Grundsatzerlass *Zur Arbeit in der Grundschule*[8] fest, dass alle Schulen Inklusion und individualisierten Unterricht umsetzen müssen. Zum anderen wird an diesem Beispiel die Ausrichtung der Lehrer deutlich. Sie sind gefangen in dem Lehrauftrag, den sie im Studium und im Referendariat kennengelernt und in den ganzen Jahren ausgeführt haben. Aber nun bietet ihnen dieser *Leerauftrag* heute nichts mehr, denn die Voraussetzungen haben sich geändert. Die Forderung, individualisierten Unterricht umsetzen zu müssen, verunsichert sie, scheint er doch konträr zu ihrem Arbeitsverhalten zu stehen.

In den letzten 20 Jahren haben sich vollkommen andere Bedingungen in den Schulen ergeben. Die Gesellschaft und die Politik stellen heute andere Anforderungen an die Schule als Teil der Eingliederung der jungen Menschen in die Gesellschaft oder auch als Einstieg in das System Berufswelt. Familienstrukturen haben sich geändert, sodass Kinder heute schon früher in die Obhut gegeben werden. Jedem Kind soll möglichst ein Krippen- und später Kindergartenplatz zur Verfügung gestellt werden. Berufstätigkeit beider Eltern, getrennte Eltern, Patchwork, vor Ort keine weiteren Familienangehörigen und keine Nachbarschaftshilfe drängen Familien dahin, ihre Kinder in der Krippe abzugeben. Es wird erwartet, dass auch Eltern arbeiten und dass Kinder in den Kindergarten gehen. Der soziale Druck wächst. Fast wie in der DDR. Als Folge bringen die Kinder andere Fähigkeiten und Kenntnisse mit,

---

8 »Die Arbeit in der Grundschule«. Erlass des MK vom 03.02.2004. https://www.mk.niedersachsen.de/download/4315/Neuer_Grundsatzerlass_fuer_die_Grundschule_ab_1._August_2004.pdf (abgerufen am 03.05.2023)

wenn sie eingeschult werden. Viele Dinge, die früher zu Hause oder spätestens im Kindergarten gelernt wurden, stehen heute in der Grundschule an. Wie soll dann ein Unterricht funktionieren, der im Jahr 2000 oder gar 1980 entstanden ist und in einem Ordner abgeheftet und jedes Jahr wieder kopiert wird?

Früher hatten die Kinder mittags Schulschluss, bekamen ein Mittagessen, machten ihre Hausaufgaben, hatten einen Ansprechpartner, der sie dabei unterstützen konnte, und dann hatten sie Freizeit. Heute bleiben Kinder oft im Ganztag und im Hort, machen in großen Gruppen ihre Hausaufgaben, fahren dann zum Fußballtraining oder zur Logopädie und sitzen abends vor der Spielkonsole. Diese Kinder können mit dem Unterricht von vor 20 oder 30 Jahren nichts anfangen. Als Folge von PISA sind sämtliche Lernziele auf Kompetenzen umgestellt worden. Niemand kann sich ausmalen, wie viele Kompetenzen Schüler in der Grundschule entwickeln sollen. Allein im Sachunterricht sind Hunderte Kompetenzen vorgegeben. Ich würde es schön finden, wenn Kinder unsere einheimischen Bäume und Kräuter bestimmen können, und schön wäre es auch, wenn sie die Singvögel erkennen würden. Leider können das nur wenige am Ende der Grundschulzeit. Woran liegt das? Kennen die Erwachsenen eigentlich die Kräuter, die am Straßenrand wachsen?

Unendliche Vorgaben, die pro Fach in schuleigene Arbeitspläne umgearbeitet werden müssen, lassen die eigentlichen Inhalte der Fächer dahinter verschwinden. Eine Summe von Kompetenzen, die schülernah vermittelt werden sollen, ergeben nicht automatisch gebildete Schüler. Die OECD (Organisation für wirtschaftliche Zusammenarbeit und Entwicklung) hat die PISA-Studien durchgeführt und aus den Ergebnissen die Kompetenzorientierung entwickelt, die nun auch flächendeckend umgesetzt wurde. Ganz Deutschland hat damals erfahren, dass unsere Schulen schlecht arbeiten, weil die Kinder am Ende nicht gut lesen können, mathematische Kenntnisse fehlen und Kinder aus bildungsfernen Familien benachteiligt sind. Der Schock saß tief und so waren alle Beteiligten mit den Reformen einverstanden.

Kompetenz- und Schülerorientierung schließen sich in meinen Augen gegenseitig aus. Wie können umfangreiche Kompetenzen allen Kindern einer Klasse vermittelt werden, wenn die Heterogenität der Kinder deutlich zunimmt und die Voraussetzungen, die Kinder mitbringen, im Durchschnitt gesunken sind? Sollen Kompetenzen oder Kinder im Zentrum der Betrachtung stehen? Sollen Kompetenzen oder Kinder unterrichtet werden? Ich frage mich auch, warum eine Organisation für wirtschaftliche Zusammenarbeit und Entwicklung (OECD) Studien durchführen darf, deren Ergebnisse zu einschneidenden Reformen des Bildungswesens führen. Welche Interessen werden hier verfolgt? Unsere Politik wünscht sich sicher Menschen, die sich ihrer Stärken bewusst sind, die mündig sind und entschieden für ihre Interessen einstehen. Deshalb sollten die Bedürfnisse der Kinder im Vordergrund stehen und nicht die Kerncurricula mit ihren Unmengen an Kompetenzen. Dann sieht man nämlich den Baum vor lauter Wald nicht mehr.

Lehrer sind mit diesen Vorgaben überfrachtet und schlichtweg überfordert. Es ist unmöglich, alle Kompetenzen beispielsweise im Musikunterricht zu vermitteln. Jedes Fach scheint Unmögliches zu verlangen und trotzdem sind die Lehrer bemüht, dem Verlangten nachzukommen. Es entspricht ihrer Ausbildung, in der sie gelernt haben, Fächer zu unterrichten. Wie sollen so viele Kompetenzen unterschiedlich aufgearbeitet werden? Oft liegt die Lösung in der Differenzierung.

In meiner Schule haben die Kollegen vorbildlich Unterrichtseinheiten erstellt und abgeheftet, deren Arbeitsblätter in drei Schwierigkeitsstufen vorbereitet sind. Schlaue, nicht ganz schlaue und nicht so schlaue Kinder können sich die Schwierigkeitsstufe dann aussuchen. Ist das die Orientierung am Kind? Natürlich kommen dann noch die Inklusionskinder dazu, die wieder eine andere Aufbereitung des Inhalts benötigen. Und die Lese-Rechtschreib-Kinder und die … Wird nun deutlich, dass Lehrer bei einer Orientierung an Kompetenzen überfordert sein müssen und schlichtweg keinen individualisierten Unterricht machen können, wenn sie noch in alten Mustern denken? Nicht der Unterrichtsinhalt sollte aufbereitet werden, sondern das Lernen jedes einzelnen Kindes.

Es werden wirkliche Pädagogen gebraucht! Kinder brauchen Zeit, um sich zu entwickeln, und die Pädagogen müssen die richtigen Angebote machen und gleichzeitig einen Rahmen setzen, der Grenzen aufzeigt und innerhalb dieser Grenzen auch Freiheiten ermöglicht.

Die Lerninhalte wurden in Kompetenzen aufgearbeitet und es wurde innerhalb der Erlasse festgestellt, dass die Kinder heute andere Voraussetzungen mitbringen und deshalb individualisierter Unterricht umgesetzt werden sollte. Unterricht, der jedes Kind in den Vordergrund stellt. Wo ist der Fehler? Das Bindeglied sind die Lehrer. Die Lehrer sollen jedem einzelnen Kind die Kompetenzen vermitteln, und genau hier setzt die Schulentwicklung an. Schulleitungen sind aufgefordert, ihre Schulen durch schulinterne Prozesse weiterzuentwickeln, indem sie das Kollegium fortbilden. Voraussetzung wäre Veränderungsbereitschaft, die aber nicht unbedingt gegeben ist. Ich habe einige Fortbildungen und Coachings zu Teamentwicklung und Changemanagement durchlaufen und habe intensiv, auch mithilfe der Fokus-Evaluation, mit meinem Kollegium gearbeitet. Mir wurde gezeigt, wie ein Team funktioniert, wie ich es beeinflussen kann und wie ich Veränderungen herbeiführen kann.

Ich möchte mich wiederholen: Meine Schule war großartig. Ich dachte immer, sie wäre ein schöner Ort für Kinder. In den Fluren hingen Spiegel mit einem Spruch über dem Spiegelbild, wie zum Beispiel »Ich mag mich« oder »Cooler Typ«. In der Bücherei war ein rundes Podest mit Kissen zum Lesen, welches mir privat gehört. Die Bücher haben die Kinder empfohlen, indem ihr Name oder ein Foto auf dem Buch klebte. Überall hingen Ausstellungsstücke der Kinder an den Wänden. Die Lehrer hatten sich verpflichtet, einen Morgenkreis durchzuführen, der Schülerrat war etabliert und viele andere Prozesse waren eingeleitet worden. Meine Vision sollte Wirklichkeit werden und ich verbrachte viel Zeit in der Schule. Gerne auch mal an den Wochenenden und grundsätzlich in den Ferien. Das ist mein Leben gewesen und ich habe es nicht als Belastung empfunden, sondern als mein Lebensprojekt.

Früher gab es an den Grundschulen keine Schulleitungen, sondern Lehrer mit besonderen Aufgaben. Vielleicht ist deshalb auch die Bezahlung der Schulleitung geringer als bei anderen Schulformen. Vielleicht ist diese Tatsache in vielen Lehrerköpfen noch vorhanden. Manchmal denke ich, dass Lehrer sich viel zu oft als Zentrum des Universums sehen. Vielleicht stellen sie sich auch deshalb so gerne vor eine Klasse und halten einen Vortrag und die Kinder dürfen ihnen lauschen und von ihrer Weisheit profitieren, anstatt sich zwischen die Kinder zu begeben und mit ihnen gemeinsam zu lernen.

An dieser Stelle wird wohl deutlich, dass ich Lehrer nicht mag. Ich mag nur Menschen, die großen und die kleinen. Ich bin mit vielen Schulleitungen vernetzt und alle haben die gleichen Erfahrungen gemacht. Es gibt viele Beispiele, die verdeutlichen, wie schwer es ist, Veränderungen an Schulen herbeizuführen, weil Lehrer sie umsetzen müssen. Changemanagement ist nichts anderes als eine Trickkiste, mit der Lehrer genötigt werden, in Prozessen mitzugehen. Wie schafft es die Schulleitung, schwierige Kollegen zu überzeugen, positive Veränderungen zu verstärken und das Kollegium dazu zu bringen, ihr zu folgen? So habe ich gearbeitet und auch Ziele umsetzen können.

Außenstehende fragen sich an dieser Stelle vielleicht: Warum nicht mit Sachargumenten arbeiten? Warum versucht man Lehrer nicht zu überzeugen? Das ist sicher der Königsweg und ich kenne auch Schulleitungen, die genauso arbeiten, weil sie mit ihrem Kollegium auf Augenhöhe sind und dieselben Ziele verfolgen. Leider ist dieser Umstand nicht überall gegeben. Oft liegt eine Weigerungshaltung im Kollegium vor und es gibt keinerlei Druckmittel, um Lehrer zu zwingen, Veränderungen anzugehen. Deshalb arbeiten die Schulleitungen dann mit Changemanagement, weil sie keine andere Möglichkeit haben, als dem Kollegium hinterherzulaufen. Sie stehen mit wunderbaren Visionen, die auch in den Erlassen vorgegeben sind, allein vor den Lehrern. Und was bekommen sie zurück? *»Nö, das machen wir nicht.«*

> Schulentwicklung funktioniert nur im Einklang mit der Entwicklung der Persönlichkeit. Dazu müssen Schulleitung und Lehrer bereit sein.

Folgende Beispiele habe ich erlebt oder von anderen Schulleitungen erzählt bekommen:

»Ich lasse doch keine Förderschullehrer in meinen Unterricht. So weit kommt es noch. Die können gerne mit dem Kind auf dem Flur arbeiten.« Inklusion und professionelle Zusammenarbeit sind doch eigentlich selbstverständlich, oder?

»Schulbegleitungen brauche ich nicht, und wenn, haben sie sich nicht einzumischen.« Zusammenarbeit mit Institutionen und Unterstützung durch pädagogische Mitarbeiter ist immer gerne gesehen, oder?

»Ich brauche keine E-Mail-Adresse. Mails rufe ich sowieso nicht ab und ein Passwort kann ich mir auch nicht merken.« Wie oft ruft eine Schulleitung die IT an und bittet um ein neues Passwort für die drei Kollegen, die ihres zufällig schon wieder vergessen haben? Man könnte es ja auch aufschreiben.

Was macht eigentlich eine Schulleitung, wenn eine Kollegin verwahrlost? Stellen wir uns vor, eine Kollegin riecht nach Urin und hat Flöhe. Gespräche, Beratung, Personalrat, dann Krankschreibung, gefolgt von Gesprächen, Beratung, Personalrat und dann Krankschreibung. Dieses Spiel kann jahrelang so weitergehen. In diesem Fall war die erste Lösung, sie im Kindergarten zur Kooperation einzusetzen. Das ging so lange gut, bis sich die Eltern dort beschwert haben. Danach wurde sie nur noch in der 1. Klasse eingesetzt, weil sich die Kinder nicht so schnell beschweren, wenn sie ordentlich angeschrien werden oder an den Stühlen, auf denen sie sitzen, geruckelt wird. Ein Kollegium, in dem solche Lehrer geduldet werden, ist nicht aufgeschlossen für Veränderungsprozesse.

Ich kenne eine Schulleitung, die sich den *Erlass zur Arbeit in der Grundschule in Niedersachsen* nach der Neubearbeitung durchgelesen hat und daraufhin vor dem Kollegium sagte: »Ich könnte jetzt heulen.« Ist das der Behörde eigentlich klar? Die Schulleitungen werden allein gelassen. Die Kompetenzorientierung und die besonderen Kinder erhöhen den Druck auf Lehrer und führen zu einem Ohnmachtsgefühl. Daraus entstehen Ängste und Unsicherheiten. Infolge davon arbeiten die Lehrer verunsichert weiter und geraten immer weiter in die Überforderung. Warum sonst sind viele Lehrer Burn-out-gefährdet? Innere Stärke, Selbstbewusstsein und eine Vision wären nötig. Aber wo soll die Vision herkommen? Überall Sparmaßnahmen, Lehrer- und Erziehermangel, erhöhte Bürokratie und über Jahre gemachte Erfahrungen mit Schubladenlösungen führen sicher nicht zu einer tragfähigen Zukunftsausrichtung. Kein Lehrer glaubt daran, dass alles besser wird. Sie vermuten das Gegenteil und stecken den Kopf in den Sand. Schule ist zu einem Monster pervertiert, das man versucht, widersprüchlich zu kontrollieren.

Die Wasserleitungen in einer Straße sollen ausgewechselt werden. Ein Baggerfahrer macht sich an die Arbeit und zerstört dabei die Glasfaserkabel. Nun müssen andere Arbeiter kommen und die Leitung reparieren. Das kostet Zeit und Geld. Passiert das dem Baggerfahrer noch mal? Wenn ja, was passiert dann? Dann findet realitätsnahes, konkretes Changemanagement statt. Vom Baggerfahrer zum Hartz-IV-Empfänger. Oder sollte es der Vorarbeiter mit *Gespräche-Beratung-Personalrat* versuchen?

Systeme neigen dazu, sich um sich selbst zu drehen, um sich aufrechtzuerhalten. Das System Schule ist am Ende. Kompetenzorientierung und die gleichzeitige Forderung nach Schülerorientierung schließen sich aus, und wenn dann auch noch das Bindeglied Lehrer nur durch psychologische Spielchen zu Veränderungen angetrieben werden kann, ist eine Sackgasse erreicht. Der Beamtenstatus hebt Lehrer in eine Position, die ihnen nicht zusteht. Es ist falsch, ihnen aufgrund ihrer Position zu vertrauen. Auch Lehrer müssen in die Pflicht genommen werden können, um sich weiterzuentwickeln. Die Grenze des Zumutbaren muss deutlich erhöht werden. Im Beamtengesetz ist nachzulesen, dass ein Lehrer durchaus eine Arbeitszeit von über 40 Wochenstunden hat, weil die Ferien mit angerechnet werden. Es wäre also denkbar, dass Lehrer täglich von 8:00 bis 16:00 Uhr in der Schule anwesend sein müssen und zusätzlich auch noch Elternabende und Ähnliches durchführen. Wie sähe es wohl um die Qualität unserer Grundschulen aus, wenn Lehrer 40 Stunden pro Woche in der Schule arbeiten würden? Vielleicht würde sich diese Regelung auch positiv auf die Work-Life-Balance auswirken, wenn Lehrer keine Arbeit mehr mit nach Hause nehmen müssten und wirklich Feierabend hätten. Vielleicht wäre die Welt dann ein wenig gerechter und das Image des Lehrers und der Schule wäre ebenfalls besser.

Es gibt viele Lehrer, die nicht in der Lage sind, ihren Unterricht anzupassen. Sie können nicht mit Smartboards arbeiten, verstehen nicht, warum Kinder heute anders lernen, und besitzen einfach nicht die Empathie, um sich auf besondere Kinder einzustellen. Warum können sie nicht einfach dort eingesetzt werden, wo es einen Sinn macht? Eine Bücherei muss betreut, die Schulbuchausleihe verwaltet und der Werkraum aufgeräumt werden.

Ich denke, Lehrer sollten, wie jeder andere Arbeitende auch, zu Transparenz und Zusammenarbeit gezwungen werden. Kinder und Eltern sollten regelmäßig miteinbezogen werden. Wer kann besser über die Arbeit eines Lehrers urteilen als die Kinder selbst? Lehrer sollten im Team arbeiten. Teamteaching und Unterstützung durch pädagogische Mitarbeiter, Eltern und Therapeuten im Unterricht führen automatisch zu einer Qualitätssteigerung. Der pädagogische Freiraum sollte genutzt werden, um den Bedürfnissen der Kinder gerecht zu werden. Nicht die Kompetenzen sollten unterrichtet werden, sondern die Kinder sollten aufgerichtet werden, indem der Lehrer mit ihnen den Vormittag verbringt. Das ist mein Ausblick in die Zukunft. So könnten Schulen vielleicht noch eine Chance haben. Weg vom System und pädagogische Verantwortung vor Ort umsetzen.

Ich war gerne Rektorin an meiner Schule, wusste ich doch, dass ich so auf dem Weg zu meiner Vorstellung von einer Schule für Kinder bin. Ich habe gelernt, dass sich Schulleitungen entscheiden müssen, ob sie lieber mit dem Kollegium gut zusammenarbeiten wollen oder lieber mit Kindern und Eltern. Wenn eine Schulleitung beides schafft, ziehe ich meinen Hut vor ihr. Ich entschied mich für Kinder und Eltern. Das Ergebnis waren glückliche Kinder und Eltern, eine zufriedene Schulbehörde und ein zufriedener Schulträger. Meine Arbeit wurde überall gelobt. Ich hatte eine Vorzeigeschule. Nur die Lehrer waren mit mir unzufrieden, aber damit konnte ich gut leben. *»Du denkst immer so schnell und das machst du mit Absicht, damit wir uns schlecht fühlen«, »Warum musst du dich immer so schick machen? Kannst du dich nicht anziehen wie wir? So gibst du uns das Gefühl, du wärst etwas Besseres«, »Deine Ideen* *mit Individualisierung und so geben uns immer das Gefühl, nicht gut genug zu sein«.*

In vielen Schulen dreht sich der Schulalltag um die Befindlichkeiten der Lehrkräfte. Stundenlange Diskussionen, die ins Leere laufen. Oft steckt eine Taktik dahinter. Dasselbe Problem wird von Dienstversammlung zu Konferenz weitergeschoben und besprochen und verläuft im Sande. Hier eine kleine Geschichte dazu: Innerhalb der Kompetenzorientierung, als die schuleigenen Arbeitspläne veraltet waren, stellte die Mathe-Fachkonferenz fest, dass das Mathebuch auch veraltet ist und nicht den vorgegebenen Anforderungen entspricht. Es wurden neue Lehrwerke gesichtet, aber es kam keine Einigung zustande. Nun vergingen vier Jahre der Diskussion und die Bücher konnten schließlich nicht mehr in der Schulbuchausleihe ausgegeben werden, weil sie kaputt waren. Daraufhin schlug die Mathe-Fachkonferenz vor, weil keine Einigung in Sicht war, doch die alten Bücher wieder anzuschaffen, obwohl diese nicht den Kompetenzen, also den Vorgaben, entsprachen. Zuvor bestellte die Schulleitung die meistgelobten Mathebücher Deutschlands als kostenlose Probeexemplare und stellte sie zur Ansicht für zwei Monate im Lehrerzimmer aus, um eine erneute Diskussion zu entfachen. Ziel war es, nun endlich ein angemessenes Lehrwerk zu finden und eine Entscheidung zu treffen. Das wurde ein Fall für den Personalrat. Die Schulleitung hätte sich nicht in die Angelegenheiten der Mathe-Fachkonferenz einzumischen, sie hätte nicht gefragt, ob sie die Probeexemplare bestellen dürfe, und hätte weder ein Schild neben die Buchausstellung gestellt noch die Lehrer aufgefordert, die Mathebücher zu sichten. Deshalb hätte sie sich auch niemand angesehen. Zum

Glück hatte die Schulleitung ein dickes Fell und konnte schließlich eine Entscheidung erwirken.

Worum geht es in diesem Beispiel? Um die Befindlichkeiten des Kollegiums, vielleicht auch nur einzelner Personen, und um Kompetenzen. Sollte nicht die Frage sein, welche Auswahl an Mathebüchern wir brauchen, um allen Kindern gerecht zu werden? Vielleicht ist ein Mathebuch auch gar nicht mehr zeitgemäß, weil die Kinder mit unterschiedlichen Arbeitsheften viel besser arbeiten könnten. Niemand hat sich in dieser Situation Gedanken um die Kinder gemacht, jeder nur um seine Belange und wie er sie ausleben kann. Auch hier wird deutlich, dass Schulleitungen mehr Befugnisse brauchen, um Weisungen durchzusetzen. Es braucht eine klare Hierarchie mit geklärten Machtverhältnissen. Gleichzeitig sollten Schulleitungen auch im Team arbeiten, kontrolliert werden und vor allen Dingen immer im Dialog mit den Eltern sein.

In meinen Augen können wir das System Schule nur reformieren, wenn die Strukturen völlig aufgebrochen werden. Schulleitungen und Lehrer brauchen neu definierte Rollen.

5 |

Corona und Kinderrechte

Ich bin sehr gerne Schulleitung. Meine Schule ist mein Lebenswerk. Ich habe so viel Zeit, Kraft, Ideen und auch Herz investiert und auch so viel Dankbarkeit zurückbekommen. Mein Mann hat mir Möbel für mein Büro gebaut, weil der Etat so gering war und wir das Geld für die Klassenräume und das Lehrerzimmer brauchten. Außerdem war mein Büro mein zweites Zuhause. In der ganzen Schule konnte man meine persönliche Art der Schulgestaltung wiederfinden.

Mein wunderbares Büro

Nach den Ferien bin ich durch die Klassen gewandert und habe alle Kinder begrüßt und ein paar Worte mit ihnen gesprochen. Es geht mir sehr nah, wenn ich daran zurückdenke. Heute ist alles anders. Im März 2020 hatten wir ein Mitmachzirkus-Projekt geplant. Leider war der Termin verschoben worden und fiel genau in die Woche, in der ich auf Fortbildung war. Dazu kamen diffuse Berichte über Corona. Ich war beunruhigt und machte mir Sorgen, ein Projekt durchführen zu lassen und selbst nicht dabei zu sein. Eiligst wurden der Schulvorstand und das ganze Kollegium eingeladen und wir diskutierten darüber, den Zirkus abzusagen. Wir stimmten ab und nur zwei Kolleginnen waren derselben Meinung wie ich. Also fuhr ich auf Fortbildung und meine Stellvertreterin, die das Projekt durchführen wollte, übernahm die Organisation. Später hielt sie mir vor, ich hätte sie mit dem Projekt im Stich gelassen.

Die Fortbildung war gut, aber dann mussten zwei Schulleitungen abreisen, weil ihre Schulen unter Quarantäne gestellt wurden. Ein Kollege musste sich testen lassen, weil der Vater eines Schülers positiv getestet wurde, und um Kontakt zu vermeiden, reiste er ab, ohne sich zu verabschieden. Am Donnerstag rief ich nachmittags meine Stellvertreterin an. Sie solle nach der abendlichen Vorstellung bekannt geben, dass man das Projekt beenden würde und am Freitag alle Kinder zur Schule kommen sollten. Wir würden uns auf eine Schulschließung vorbereiten. Sie war schockiert. Man hielt mich für verrückt. In den Augen der meisten Kollegen war meine Reaktion übertrieben und nicht angemessen. Bis dahin hatte niemand offiziell über eine mögliche Schließung gesprochen. So etwas hatte es auch noch nie gegeben und das Kollegium hielt es für ausgeschlossen. Ich wies die Kollegen an, Pläne für die Kinder zu erarbeiten, mit denen sie in der nächsten Woche zu Hause arbeiten konnten. Eltern sollten Tüten mitgeben, sodass die Kinder ihr ganzes Material mit nach Hause bekamen. Am Freitag organisierten wir etwas, von dem wir nicht wussten, ob es auf uns zukommen würde. Am gleichen Tag saß der Zirkusdirektor in meinem Büro und erklärte mir, dass ihm 7.000 Euro durch die vorzeitige Beendigung des Projekts entgehen und er mich persönlich dafür haftbar machen würde. Freitagmittag saßen die Sekretärin und ich vor meinem Tablet und wir verfolgten die Pressekonferenz. Meinem Vorgesetzten in der Behörde ging es genauso. Auch er wurde über den NDR informiert. Es passierte tatsächlich. Die Schulen wurden geschlossen.

Am Montag um 9:00 Uhr hatte ich zu einer Dienstversammlung eingeladen. Um 8:30 Uhr erfuhr ich per Verordnung, dass dies illegal wäre. Dienstversammlungen in Präsenz waren verboten worden. Nun musste ich aber Absprachen treffen und auch Aufgaben delegieren. Ich hatte eine PowerPoint-Präsentation vorbereitet, wollte mich beeilen, um die Kollegen schnell wieder nach Hause zu schicken. Das Klassenbuch führen, Aufgaben für die Fachkonferenzen, Fachräume aufräumen, Arbeitspläne evaluieren und viele andere Aufgaben wurden an die Kollegen vergeben. Sie bekamen eine Tabelle, um ihre Tätigkeiten und den Zeitrahmen einzutragen. Die Vorlage hatte ich aus dem Schulleiternetzwerk der Fortbildung bekommen. So könne jeder Lehrer nachweisen, dass er auch ohne Präsenzzeit tätig war.

Die Kollegen und besonders die Personalrätin beschwerten sich, dass ich von ihnen verlangen würde, in dieser Zeit zu arbeiten. Sie hätten schließlich eigene Kinder, die sie nun bei den Aufgaben zu Hause betreuen müssten. Sie beschwerten sich, dass ich sie kontrollieren würde. In der Schule hat ein Personalrat fast unbegrenzte Macht und Rückhalt für alles, was er tut. In meinem Fall selbstverständlich immer konträr zur Auffassung der Schulleitung. Ich rief den Bezirkspersonalrat an und bat um Unterstützung in der Zusammenarbeit mit der Personalrätin unserer Schule. Man sagte, dass man sich beraten wolle, und dann würde man mich anrufen. Das Ergebnis war, dass der Bezirkspersonalrat, mit dem ich vertraulich gesprochen hatte, unsere Personalrätin anrief und die beiden sich darauf einigten, dass ich keinerlei Nachweise über Tätigkeiten und Zeitangaben einholen dürfe. Das teilte man mir dann telefonisch mit. Auf meine Bitte hin erkundigte sich auch mein Vorgesetzter und brachte auch nur in Erfahrung, dass wir im Vertrauen sind, dass die Lehrer auch zu Hause arbeiten.

Die Kollegen kümmerten sich rührend um ihre Schüler, aber wurden die weiterführenden Aufgaben erledigt? Ich sollte im Vertrauen davon ausgehen. Super! Wusste ich doch, dass zum Beispiel der Deutsch-Arbeitsplan seit Jahren in der Bearbeitung ist. Wie heißt es so schön: *Vertrauen ist gut, Kontrolle ist besser.* Das gilt aber nicht für Schulen. Da reicht das Vertrauen, egal was dabei herauskommt.

Der Lockdown wurde um eine Woche verlängert, dann folgten die Osterferien und dann war die Schule noch zwei Wochen geschlossen. Die Lehrer versorgten die Kinder mit Material über E-Mails oder über das Fenster des Klassenraums. Die Organisationsarbeit war sehr umfassend, aber alle Kinder wurden versorgt. Jede Woche wurden die Kinder angerufen. So hielten wir den Kontakt zu allen Schülern aufrecht. Um Ostern herum bat ich die Kollegen, sich in den Umgang mit einer digitalen Pinnwand einzuarbeiten. Ich erstellte Tutorials, verlinkte, brachte Beispiele und versuchte, sie so zu motivieren, was mir auch gelang. Bis auf eine Kollegin arbeiteten alle mit einer App. So konnten Aufgaben digital zwischen Elternhaus und Schule übermittelt werden und digitale Angebote angefügt werden. Sieben von acht Klassen hatten eine eigene digitale Pinnwand, auf dem die Aufgaben aller Fachlehrer zu finden waren. Ich war begeistert, dass die Kollegen so gut zusammenarbeiteten. Unsere regionale Zeitung berichtete darüber ausführlich mit dem Titel »Corona macht kreativ«. Ich erzählte darin unter anderem, dass wir digitalen Unterricht machen.

Eine Woche später erschien ein weiterer Zeitungsbericht unserer Schule. Unser Schulacker wurde von zwei Kolleginnen betreut, die die Tageszeitung eingeladen hatten, aber vergaßen, mir Bescheid zu sagen. Dem Reporter gegenüber war es der einen Kollegin wichtig zu erwähnen, dass sie mit Materialpaketen arbeiten würde und nicht digital. Das war dann eine sogenannte Gegendarstellung meines Zeitungsartikels.

Dabei waren alle Mitarbeiter vor Jahren mit Software ausgestattet worden. Sie hatten sich über die Jahre hinweg geweigert, die Programme zu installieren und damit zu arbeiten. Nun verlangte ich von ihnen, über ein Tool an einer Dienstversammlung per Videokonferenz teilzunehmen. Die Reaktionen schwankten zwischen Wut, Hysterie und Verzweiflung. Man warf mir dann vor, ich würde keine Rücksicht auf die weinenden Kollegen nehmen; ich hätte das Gespräch suchen sollen.

Die Personalrätin fühlte sich wieder in der Verantwortung. Sie lud hinter meinem Rücken alle Kollegen zu einer Personalversammlung ein, obwohl Dienstversammlungen immer noch verboten waren. Ich war die Erste im Raum, war ich doch sehr gespannt auf die Themen, die nicht auf der Einladung standen. Die Personalrätin teilte mir mit, dass die Einladung nur zur Kenntnisnahme in meinem Fach lag. Man möchte über mich sprechen und deshalb solle ich bitte den Raum verlassen. Ich kann nicht sagen, was besprochen wurde. Das Thema wurde nie an mich herangetragen. Ich habe später deutlich gemacht, dass dieses Verhalten menschenunwürdig sei und Mobbing gleichen würde. Nicht alle Kollegen haben es verstanden. Scheinbar fühlen sich Lehrer immer im Recht.

In den Medien wurde diskutiert, ob die Erntehelfer aus Rumänien die Spargelbauern in diesem Jahr überhaupt unterstützen könnten oder lieber nicht einreisen sollten. Eine Kollegin hatte die Lösung parat: »Ich verstehe das Problem überhaupt nicht. Also ich kann gut dieses Jahr auf Spargel verzichten. Dann können die Rumänen ruhig zu Hause bleiben!«

Irgendwann waren die Kollegen so weit, dass sie alle ihre E-Mails abriefen, wir per Video kommunizieren konnten und sie sich in digitale Lernplattformen eingearbeitet hatten. Ich hatte es tatsächlich geschafft, alle Kollegen an der Digitalisierung zu beteiligen. Meine Hartnäckigkeit zahlte sich aus. Im Lehrerzimmer stand nun für jeden Lehrer ein Computer bereit. Ich hatte Hocker besorgt, die unter den Tisch geschoben werden konnten, um Platz zu sparen. Die Personalrätin stellte fest, dass die Hocker nicht der Arbeitssicherheit entsprachen, weil sie keine Lehne hatten. Andere bemerkten, dass sie lieber Laptops gehabt hätten. Außerdem sollten diese nicht im Lehrerzimmer stehen, lieber neben dem Drucker, und dieses und jenes. Dank wird auch überbewertet.

Rückblickend ist dieser Zeitraum sehr arbeitsintensiv gewesen. Ohne Corona hätten die Kollegen niemals angefangen, ihre Mails zu lesen. Corona war ein überzeugendes Argument.

Gleichzeitig war ich seit April regelmäßig in *geheimer Mission* auf Demos und hatte insgesamt keine Angst vor Corona. Das erhöhte die Skepsis meiner Kollegen mir gegenüber. Es war ihnen unverständlich, hatten sie doch Angst um ihr Leben. Es gab von meiner Seite nie eine Diskussion oder den Versuch aufzuklären. Ich bin immer davon ausgegangen, dass sich mündige Bürger selbst informieren könnten. Am 1. August 2020 war ich in Berlin zum *Tag der Freiheit* auf der *Straße des 17. Juni*. Es war großartig. So viele Menschen, die genauso kritisch waren wie mein Mann und ich. Wir dachten, dass es nun alles nicht mehr lange dauern würde und die Maßnahmen bald verschwunden wären. Wir feierten und waren glücklich.

Zurück in der Schule erzählte eine pädagogische Mitarbeiterin, dass völlig verantwortungslose und gewaltbereite Nazis in Berlin auf der Demo Corona verbreitet hätten. Ich klärte sie recht nüchtern auf, dass ich weder Nazis gesehen hätte noch gewaltbereite Menschen und ich sie beruhigen könnte, denn niemand wäre krank geworden. Ich denke jedoch, dass ich gegen die *Tagesschau* nicht angekommen bin. Wie ein Lauffeuer verbreitete sich die Nachricht, dass die Schulleitung der *XY*-Schule auf der Demo in Berlin war. Das änderte aber zunächst nichts an der guten Zusammenarbeit mit Eltern, Schulträger und Schulbehörde. Ich stürzte mich in die Arbeit und versuchte Lösungen zu finden, um die Maßnahmen an meine Schule anzupassen. Ich hatte das große Ziel, eine recht normale Einschulung zu gestalten und den Schulalltag so kindgerecht wie möglich zu planen, sodass die Kinder die Maßnahmen nicht wahrnehmen würden. Ich arbeitete in mühevoller Kleinstarbeit ein System aus. Ich teilte die Schule in zwei Kohorten ein, mit jeweils eigenen Wegen, Sanitärbereichen und eigenem Schulhof. Ich organisierte überwiegend Klassenlehrerunterricht, um Vermischungen zu vermeiden. Der Aufwand war riesig, lohnte sich aber in meinen Augen. Die Kollegen waren anderer Meinung. Man verlangte pro Klasse eine Kohorte und damit verbunden Masken, Einbahnstraßen, Abstand, Parzellen auf dem Schulhof usw. Der Personalrat fühlte sich mal wieder in der Daueropposition gefordert.

Ich war im ständigen Austausch mit Eltern, Schulträger und Schulbehörde und alle bestärkten mich in meinem Vorhaben. Alle rechtlichen Vorgaben waren eingehalten und trotzdem beschützte ich meine Schüler vor rigiden Hygienemaßnahmen der Lehrer. Damit, so dachte ich, könnte ich leben. Vor dem Schulelternrat stellte ich mein Konzept vor. Ich berichtete, dass sich die Kollegen erhöhte Maßnahmen wünschen würden und ich deshalb die Meinung der Eltern dazu hören möchte. Sie sollten entscheiden. Es wurde einstimmig abgestimmt, dass die Maßnahmen im geringsten Umfang umgesetzt werden sollten. Das war ein Skandal für die Lehrer. Mir war die Meinung der Eltern wichtiger als die der Lehrer. Die Lehrer verstehen nämlich nicht, dass es in der Schule nicht um sie selbst geht, sondern um die Kinder und deren Vertreter, die Eltern.

Nach diesen Monaten war mein Rückgrat schwer belastet. Der Druck nahm ständig zu und ich funktionierte einfach weiter. Mein Orthopäde teilte mir mit, dass ich drei Bandscheibenvorfälle hätte, die operiert werden müssten. Ich hatte in der Vergangenheit zwei schwere Unfälle gehabt. Als Kind hatte ich mir drei Brustwirbel bei einem Reitunfall gebrochen, konnte kurze Zeit meine Beine nicht fühlen, und als junge Erwachsene erlitt ich infolge eines Autounfalls einen Genickbruch. Nun sollten die Lendenwirbel auch nicht mehr funktionieren. So ist das mit dem Rückgrat. Von da an machte ich zweimal die Woche mit meiner Physiotherapeutin Sport und stabilisierte meinen Rücken.

Zwischen den Sommerferien und Herbstferien hatten wir einen fast normalen Schulalltag. Kein Kind brauchte eine Maske. Wir hatten einen Fotografen eingeladen, der in der Pausenhalle Fotos von den Klassen und den Kindern machte. Die einzelnen Klassen kamen mit der Lehrkraft während der Stunde zum Fototermin und durchquerten nur die Flure der eigenen Kohorte. Trotzdem verlangte eine Lehrkraft von ihren Erstklässlern, die Maske auf dem Flur zu tragen. Ich stand in der Pausenhalle und sah die Kinder mit ihren bunten Masken um die Ecke kommen. Die Kinder wurden für den Fotografen aufgestellt, der zu jeder Zeit großen Abstand einhielt. Die Lehrerin sammelte mit einer Hand die Masken ein und legte sie alle auf einen Haufen. Wenn nun ein Kind eine ansteckende Krankheit gehabt hätte, hätten es danach alle gehabt. Meiner Meinung nach war das nicht so schlau. Wie sollte ich diesen Menschen in seiner permanenten und egoistischen Kritik mir und meiner Umsetzung der Hygienemaßnahmen gegenüber noch ernst nehmen? *»Ich möchte jetzt die Maske mit den Prinzessinnen drauf! Wollen wir tauschen?«*

Brandschutztüren dürfen nicht mit einem Keil oder Gewicht festgestellt werden. Im Brandfall müssen sie verschlossen sein. Nun hatten die Kollegen Angst vor Corona und sahen in jeder Türklinke ein Risiko. Die Arbeitssicherheit sollte prüfen, ob das Risiko, sich mit Corona zu infizieren, höher wäre als das Risiko, dass sich ein Brand in einem Brandfall in der Schule weiter ausbreiten könnte. Es stellte sich für die Kollegen völlig überraschend heraus: Brandschutz ging vor Hygienemaßnahmen. Die Türen durften auch weiterhin nicht festgestellt werden und die Kollegen mussten die Klinken berühren, um die Tür zu öffnen. Eine Katastrophe für die armen Kollegen, die ja schon gezwungen waren, überhaupt in die Schule zu kommen. Vielleicht war es nur Selbstmitleid.

Bis zu den Herbstferien erhöhte sich das Infektionsgeschehen in Niedersachsen und die Situation spitzte sich zu. In den Ferien erarbeitete ich einen Drei-Stufen-Plan für das Szenario A[9]. Mein Ziel war, die Maßnahmen behutsam zu erhöhen, um den Kindern das Gefühl von Sicherheit zu vermitteln und sie nicht zu verängstigen. Sie sollten die Schule weiter als sicheren Raum wahrnehmen. Doch innerhalb einer Woche waren wir auf der höchsten Stufe. Wir hatten nun acht Kohorten, Masken auf den Fluren, Parzellen auf dem Schulhof sowie Abstand und Einbahnstraßen im Gebäude. Nun hatten wir alle Coronamaßnahmen, die ich niemals umsetzen wollte. Die Kollegen waren glücklich. Endlich hatten sie ihr Ziel erreicht. Sie fühlten sich aber trotzdem nicht sicher und verblieben in ihrer Angst. Das Lehrerzimmer wurde umgeräumt, sodass sie an Einzeltischen saßen. Durch die Tür gehen wurde zum Problem, es könne ihnen ja jemand entgegenkommen.

---

9 Szenario A: Schulbetrieb und Hygienemaßnahmen, Szenario B: Wechselunterricht (Schule und Homeschooling wechseln), Szenario C: Schulschließung und Homeschooling. Das Szenario A hatte ich in drei Stufen aufgeteilt. Jede Stufe beinhaltete zunehmende Einschränkungen. In der ersten Stufe waren die Hygienemaßnahmen auf das erforderliche Mindestmaß reduziert. Es begann mit zwei Kohorten (je vier Lerngruppen), dann vier Kohorten (je zwei Lerngruppen) und schließlich acht Kohorten (einzelne Lerngruppen), die auf dem Schulhof, an den Ein- und Ausgängen, auf den Fluren durch Einbahnstraßen und in den Sanitärbereichen getrennt wurden.

Ich hatte mir mit weißer Farbe das spirituelle *Symbol der Wahrheit* (Kreis mit Punkt)[10] auf die Rückseite meines Parkers gemalt. Für mich war es ein Symbol für das Zeitgeschehen. Wo ist die Wahrheit? Was leben wir hier eigentlich? Ich suchte die Wahrheit und drückte dies durch einen Kreis mit Punkt in der Mitte aus. Die Kollegen waren überfordert und überarbeitet und deshalb übernahm ich Pausenaufsichten auf dem Innenhof. Das hatte zur Folge, dass die Kollegen mich in meinem Parker sahen. Mich störte das nicht weiter, aber sie fühlten sich gestört. Auf der nächsten Dienstversammlung teilten sie mir mit, dass sie sich abgesprochen hätten und sich einig wären, dass ich den Parker nicht mehr anziehen solle. Die Begründung ist an Dummheit nicht zu überbieten: »Wir wollen nicht, dass du ein Querdenker-Symbol trägst, weil unsere Schule für Demokratie und Meinungsfreiheit steht.« Wenn sie mir in der Vergangenheit die Hoffnung gegeben hätten, dass sie in der Lage wären, eine Erklärung zu verstehen, hätte ich es vielleicht versucht.

Die Weihnachtszeit war traurig. Weihnachten in der Schule ist eigentlich zauberhaft, aber ohne Singen, ohne Basteln mit den Eltern, ohne Adventssingen mit der ganzen Schule, ohne Plätzchenbacken, ohne Weihnachtsfest, was bleibt da übrig? Der Weihnachtsbaum und Schmuck an den Fenstern, mehr nicht. In den Weihnachtsferien habe ich nicht gearbeitet. Das gab es vorher noch nie. Ich konnte nicht. Ich war traurig, verzweifelt und hilflos. Wie sollte es weitergehen? Das Szenario C mit Schulschlie-

---

10 Das Sonnensymbol ist Ausdruck der Schöpfung und der Ganzheitlichkeit. Der Mensch sammelt Erkenntnisse durch seine Resonanz mit der Umwelt. Vgl. Neumeyer, Petra; Stark, Roswitha: *Heilen mit Symbolen. Die 64 wichtigsten Heilzeichen.* Mankau 2020

ßung und das Szenario B mit Wechselunterricht zeichnete sich für die nächsten Monate ab.

Schon vor Corona hatte ich mir einen Namen in Bezug auf Kinderrechte gemacht. 2019 wurde innerhalb der Stadt das bundesweite Projekt *Demokratie leben* durchgeführt. Uns wurde eine Sozialpädagogin bezahlt, die mich darin unterstützte, Kinderrechte zum Thema zu machen, und gleichzeitig etablierte ich den Schülerrat. Das Thema wurde auf alle anderen Kindergärten und Schulen der Stadt ausgeweitet und so wurde 2019 zum *Jahr der Kinderrechte* in unserer Stadt ausgerufen. Wir organisierten einen Sternenmarsch und die Kinder überbrachten der Bürgermeisterin ihre Wünsche und Forderungen. Jede Institution brachte ein Puzzleteil mit, die zusammen den Umriss der Stadt ergaben. Das waren alles meine Ideen, waren es doch auch meine Themen gewesen. Meine Schule war oft mit Themen wie *Kinderrechte, Schülerrat und Demokratieerziehung* in der Tageszeitung. Wir hatten mit den Kindern für eine Ausstellung pro Kinderrecht einen Stuhl gestaltet und ihnen versprochen, ihnen diese Stühle zukünftig auch anzubieten.

Ich hatte ihnen versprochen, ihnen die folgenden Kinderrechte zuzugestehen:

→ das Recht auf Bildung,

→ das Recht auf Gesundheit,

→ das Recht auf Bewegung,

→ das Recht auf Freizeit

→ und das Recht auf Unbeschwertheit.

Was war davon übrig geblieben? Hatte ich nicht eine Fürsorgepflicht? Es fühlte sich so falsch an, weiter Hygienemaßnahmen anzuordnen und gleichzeitig deren Auswirkungen zu sehen. Ich nahm wahr, dass die Kinder stiller wurden. Sie gingen langsam durch das Gebäude. Wo waren die Kinder hin, die lachend und rennend die Pausenhalle durchquerten? Das war nun verboten. Viele Kinder versteckten sich hinter ihrer Maske, trugen sie auch freiwillig am Sitzplatz. Kinder äußerten, dass sie Angst haben, Oma und Opa könnten sterben. Sie wollten daran nicht schuld sein. Kein Singen mehr, kaum noch Sportunterricht, weil in der Umkleide kaum Abstand gehalten werden konnte, kein Fußballspielen, kein Fangenspielen, keine Berührungen. Das war nicht mehr meine Schule und trotzdem trug ich die Verantwortung.

Bis zu den Osterferien versuchte ich mit allen Mitteln, unseren Schulalltag zu verschönern. Da viele Schüler zugenommen hatten, sich nicht mehr verabredeten und kein Vereinssport mehr stattfand, plante ich eine Bewegungschallenge. Ich wollte die Kinder zur Bewegung in der Natur auffordern. Jede Klasse und die Lehrer sammelten nach der Schule Bewegungszeit in der Natur. Minuten und Stunden wurden zusammengerechnet und in Diagrammen am Montagmorgen miteinander verglichen. Vier Wochen sammelten wir Zeiten und am Ende gewann eine 1. Klasse. Toll! So stelle ich mir eigentlich Schule vor. Nebenbei starteten wir einen Frühlingswettbewerb. Die Klasse, die am schönsten für den Frühling geschmückt war, sollte den *Goldenen Hasen* gewinnen. Meine Tochter und ich haben uns auf die Suche nach einem Hasen begeben. Wir fanden ihn bei Obi. Er war 45 Zentimeter groß und bereits golden. Das war Glück. Der Wettbewerb machte den Kindern Spaß und am Ende der Dekozeit versammelte ich alle Schüler mit Abstand auf dem Schulhof und verlieh den Hasen an eine 2. Klasse. Die 1. Klassen sollten einmal sehen, wie viele mit ihnen gleichzeitig zur Schule gingen, wobei nur die Hälfte aller Schüler da war. War das eigentlich auch verboten?

Frühlingsdeko, goldene Hasen und Challenges brachten meine alte, schöne Schule aber trotzdem nicht zurück. Die Hygienemaßnahmen verhinderten alles, was Schule ausmacht. Immer noch kein Singen, kein Sport, keine Ausflüge, keine Wanderungen, kein Geburtstagskuchen… Dafür schlechte Stimmung, Angst, Ausweglosigkeit und jede Menge Unvermögen. Das war die neue Schule. Es war zum Kotzen!

Neben der Bewegungschallenge wollte ich innerhalb eines Demokratieprojektes eine Physiotherapeutin und Fitnesstrainerin einladen, die mit den Kindern unter Coronabedingungen Sport machen sollte. Das Thema war *Kinder stark machen*. Die Kinder sollten sich auspowern und laut sein können, um den Folgen des Lockdowns entgegenzuwirken. Die Mädchen sollten ein Box- und die Jungen ein Zirkeltraining bekommen. Das Projekt *Demokratie leben* hatte uns schon oft geholfen. Ich war aktiv dabei und auch Mitglied im Begleitausschuss und so stellte ich das Projekt während einer Videokonferenz dem Ausschuss vor. Ich ging davon aus, dass wir selbstverständlich eine Bewilligung bekommen würden. Demokratie heißt für mich auch Partizipation und die Schwächeren zu stärken. In den Augen der anderen Teilnehmer hatte das Projekt nichts mit Demokratie zu tun und wurde abgelehnt. Im Anschluss trat ich aus dem Begleitausschuss aus, weil mein Verständnis von Demokratie ein anderes war.

Die Kollegen setzten stattdessen alle Hoffnung in die Impfung. Endlich könnten sie sich dann wieder sicher fühlen. Ich vertraute auf mein Bauchgefühl, es ihnen wohl erklären zu können, jedoch sagte mir das gleiche Bauchgefühl, dass sie es nicht verstehen würden. Alle Lehrer in Niedersachsen bekamen die Chance, sich einen Termin für die Impfung mit *AstraZeneca* geben zu lassen, und sie empfanden es als Wertschätzung, dass sie schon so früh an der Reihe waren. Die Nebenwirkungen wurden diskutiert und man erklärte mir, dass *AstraZeneca* der beste Impfstoff wäre, weil man anhand der Nebenwirkungen sofort erkennen würde, dass er wirkt. Ich empfand es als Bedrohung und zudem bedenklich, dass der Schulträger informiert war, wer sich wann was impfen lässt. Die Kontrolle der Masernimpfpflicht war für mich schon ein rotes Tuch gewesen, und nun sollte die nächste Impfung über die Schule und den Schulträger organisiert werden. Gehörte das zu den Aufgaben einer Schulleitung?

Meine Oma war 89 und dement. Sie ging täglich mit einer Tasche in der Hand zur Haustür hinaus, weil sie nach Hause wollte, und kam dann über die Terrassentür glücklich wieder rein. Dies tat sie gerne auch mehrmals hintereinander. Meine Eltern hatten es nicht leicht mit ihr. Einen Tag nach der Impfung ging es ihr sehr schlecht. Sie fiel hin, wurde operiert und kam als Pflegefall in ein Heim. Ich fuhr zu ihr, um mich von ihr zu verabschieden.

Es fühlte sich an, als würde ich mich von meiner Kindheit verabschieden. In einem hellen Moment fragte sie mich: »Warum weinst du denn so?« Ich sagte: »Weil ich mich so freue, bei dir zu sein.« Ich habe ihr Märchen erzählt, mit ihr gebetet und ich wusste, dass ich sie nicht wiedersehen würde. Am nächsten Wochenende durfte ich nicht zu ihr, weil ich im Vorfeld keinen Termin im Pflegeheim vereinbart hatte. Die Voraussetzungen für einen Besuch waren verschärft worden. Ich war dann auf der Demo in Kassel. Gegen Coronamaßnahmen. Gegen die Impfung. Für mehr Menschlichkeit. Meine Oma starb drei Wochen nach der Impfung an Altersschwäche. Nun war sie zu Hause angekommen. Morgens um 7:00 Uhr rief meine Mutter an und sagte, dass sie nicht mehr da wäre. Um 7:15 Uhr saß ich im Auto und fuhr zur Schule. Einfach funktionieren. Ich informierte die Kollegen über den Todesfall, nur lasen sie meine Nachricht nicht.

Es gab einen Moment, der meine Ausweglosigkeit deutlich machte. Eine Schülerin hatte Erkältungssymptome und ich rief die Familie an, damit sie abgeholt werden konnte. Sie realisierte, dass wir ihre Symptome sehr ernst nahmen, und reagierte mit Panik. Sie weinte und schrie, weil sie dachte, sie müsse nun an Corona sterben. Ich konnte sie nicht in den Arm nehmen und trösten. Jedes Wort, dass ich sagte, um sie zu beruhigen, erhöhte die Gefahr, als vermeintlich gefährliche Coronaleugnerin betitelt zu werden.

Vor den Osterferien teilte ich dem Kollegium mit, dass ich etwas Ruhe bräuchte und die Beerdigung anstehen würde. Das schien niemanden zu interessieren. Am Tag der Beerdigung ging bei mir eine Nachricht und Mail nach der anderen ein, wann denn nun endlich der Impftermin anstehen würde. Ich solle den Schulträger und das Impfzentrum anrufen. Diese Ignoranz und Frechheit machen mich heute noch wütend. Wie egoistisch kann man sein? Schließlich ermittelte wieder der Personalrat gegen mich. Ich würde mich nicht ausreichend um einen Impftermin kümmern.

Manchmal denke ich, es wäre gut, die Lehrerausbildung um das Fach Empathie zu erweitern.

Der Erlass zur Testpflicht kam in den Osterferien und damit konnte ich nicht umgehen. Noch vor Karfreitag remonstrierte ich. Es war meine Pflicht. Zu dem Zeitpunkt hatte ich schon längst Herzrhythmusstörungen, Schlafstörungen, erhöhten Puls und Kurzatmigkeit. Alles Signale, um Stopp zu sagen. Mein Hausarzt untersuchte mich und schrieb mich krank. Das Wort *Burn-out* stand im Raum. Nicht das erste Mal, aber damit wollte ich nichts zu tun haben. Ich doch nicht.

Es dauerte ein wenig und ich konnte irgendwann wieder durchatmen. Ich wollte wieder Bianca sein und zu meinen Werten stehen und nicht nur die funktionierende Schulleitung sein. Zwei Wochen tat sich gar nichts außer einem recht ruhigen Telefonat mit meinem Vorgesetzten. Er fragte nur: »Wollen Sie sich denn impfen lassen?« Als ich verneinte, sagte er: »Verstehe.« Damit war meine Position wohl geklärt. Ich war zu Hause, leitete Mails weiter und half über das Telefon in der Schule aus, wenn Fragen kamen. So wäre es weitergegangen, wenn nicht plötzlich mein Office-Account gesperrt worden wäre. Ich konnte die Mails nicht mehr abrufen und hatte keinen Zugang mehr zu meiner Cloud. Meine dienstlichen, aber persönlichen Mails wurden nun Dritten zugänglich gemacht. Da war Korrespondenz, die ich mit Eltern oder Kollegen im Vertrauen geführt hatte. In meiner Cloud waren Videos von mir und Daten, die mir persönlich gehörten. Ich hatte Protokoll über meine Besuche bei der Schulpsychologin geschrieben und vieles mehr. Datenschutz und Privatsphäre gibt es im Dienst nicht, wenn es um Corona geht. Nicht einmal, wenn man krankgeschrieben ist.

Ich war es gewohnt, dass der Personalrat gegen mich arbeitete, und dass das Kollegium über mich schimpfte. Die Zusammenarbeit mit dem Schulträger und der Behörde war aber mehr als gut gewesen. Ich habe gerne mit meinem Vorgesetzten telefoniert, und im Büro der Bürgermeisterin gesessen. Ich dachte, wir würden uns bald duzen. Meine Arbeit war immer vorbildlich gewesen und das ist auch immer anerkannt worden. Und nun änderte man hinter meinem Rücken die Passwörter? Heute denke ich, dass mein permanentes Eintreten und meine Ideen für die Demokratie einfach zu viel waren, und es nicht verstanden wurde.

Ich bin ein ruhiger, eher zurückhaltender Mensch und vermeide Konflikte. Wenn ich aber Ungerechtigkeit erlebe und mir Bösartigkeit entgegengebracht wird, kann ich auch anders. Ich kämpfe nicht, aber ich bin konsequent. Ich verfasste eine schriftliche Stellungnahme und veröffentlichte sie, hatte ich doch erfahren, dass niemand den wahren Grund meiner Abwesenheit erfahren sollte, was mich krank gemacht hatte. Zwei Tage später veröffentlichte ich ein Video, in dem ich von meiner Fürsorgepflicht, Kinderrechten und den Coronamaßnahmen sprach. Tausende Follower waren die Folge.

Als Beamtin bin ich verpflichtet, mich in der Öffentlichkeit zu mäßigen. Es wurde ein Disziplinarverfah-

> ren gegen mich eröffnet. Nun ermittelte nicht mehr nur
> der Personalrat, sondern auch die Behörde gegen mich.
> Aber was war eigentlich der Grund? Ich denke, meine
> Sorge um die Kinder wurde fehlinterpretiert.

Ich bin voll und ganz Grundschullehrerin und möchte einfach nur für eine gute Schule eintreten. Ich wäre nie Schulleiterin geworden, wenn ich nicht von viel zu vielen Lehrern umgeben gewesen wäre, die eine bedürfnisorientierte Schule unmöglich gemacht haben. Ich hätte mich niemals den Weisungen verweigert, wenn diese nicht im Gegensatz zu meiner Fürsorgepflicht gestanden hätten. Ich war gezwungen, zu remonstrieren und deutlich zu machen, dass ich meiner wichtigsten Aufgabe, Kinderrechte zu schützen, so nicht nachkommen konnte. Ich wäre auch niemals an die Öffentlichkeit gegangen, wenn man nicht so bösartig mit mir umgegangen wäre.

Ich gehe absolut konform mit den Menschen, die sagen, dass bestimmte Dinge in diesem Land nie wieder passieren dürfen. Die Frage ist jedoch, wie weit wir schon davon entfernt sind? Es ist zurzeit schwer, bestimmte Dinge zur Anklage zu bringen, wie zum Beispiel Kinderrechte. Komisch ist jedoch, dass andere Dinge, mit oder ohne Sinn, einfach umgesetzt werden. Ich wollte immer nur das Richtige tun.

Es stellte sich heraus, dass ich die einzige Schulleitung war, die sich öffentlich gegen die Coronamaßnahmen an Schulen äußerte. Was war mit den anderen? Deshalb gründete ich *Schulleiter für Aufklärung* und von da an meldeten sich neben weiteren Schulleitungen, auch viele Eltern, Lehrer und Schüler bei mir. Ich konnte gar nicht so viele Mails beantworten, wie ich täglich bekam.

Diese Dankbarkeit und der Zuspruch, der mir entgegengebracht wurde, machte mir Mut, diesen Weg weiterzugehen. Viele Interviews schlossen sich an, was dazu führte, dass mein Gesicht eine gewisse Bekanntheit erlangte. Es fühlt sich für mich immer noch komisch an, auf der Straße angesprochen zu werden: »Sind Sie nicht die Schulleitung? Frau Höltje?« – »Ja, das bin ich!« Wenn ich erzähle, wie sich die Kinder durch die Hygienemaßnahmen verändert haben, reagieren die Menschen mit Betroffenheit. Dabei hatten wir im Vergleich zu anderen Schulen die geringsten Auswirkungen auf den Schulalltag. Ich kenne viele Schulleitungen und ihre Schulen. Mir ist keine Schule in der Umgebung bekannt, die die Hygienemaßnahmen bei einem Minimum belassen hat, so wie wir es getan hatten. In einer Grundschule gab es nur einen Sanitärbereich für alle Schüler. Deshalb wurden ab Beginn des Schuljahres 2020/21 Toilettenzeiten vorgegeben. Wie es ist, wenn Erstklässler nur zweimal am Tag in einem zehnminütigen Zeitfenster auf die Toilette gehen dürfen? Gar kein Problem, sie sollten lediglich Wechselkleidung mitbringen. Eine andere Schulleitung sagte zu Beginn der Testpflicht: »Und wenn einer Zicken macht, ziehe ich ihn mir gleich raus, und dann kommt er erst mal ins Hausmeisterzimmer.«

Nach drei Monaten wollte ich das erste Mal wieder meine Schule betreten. Ich hatte nur während der Schulzeit ein Betretungsverbot, also fuhren wir abends hin. Ich hatte ein Kamerateam bei mir, das alles dokumentierte. Wir waren ein paar Minuten in meinem Büro und standen dann vor dem Haupteingang. Ich sprach noch in die Kamera, als ich die erste Kollegin sah, die zweite kam mit dem Fahrrad um die Ecke gefahren. Die Nachbarn standen auf dem Bürgersteig. Handys waren auf mich gerichtet und man verteidigte die Schule vor mir – vor der Chefin. Ich frage mich heute noch, warum eigentlich? Es kann nicht einfach Unverständnis gewesen sein. Ich bin durch und durch demokratisch. Ich liebe Kinder und deshalb schreie ich sie nicht an und grenze keine Kinder aus. Ich finde Inklusion wichtig und deshalb arbeite ich sogar am Wochenende, um das Wort Inklusion in meinem Leben zu verwirklichen. Habe ich nicht gerade noch vorbildlich gearbeitet und bin ich jetzt nicht noch immer derselbe Mensch? Was ist es, was Menschen mich ausgrenzen lässt? Sind wir nach wie vor so sehr in unserer Geschichte gefangen?

Demo in geheimer Mission – versteckte Werte

Bei einem weiteren Besuch entdeckte ich, dass ich auf dem Kollegiumsfoto in der Pausenhalle mit dem Logo von *Demokratie leben* überklebt wurde. Meine Fotos und die von meiner Familie waren in meinem Büro abgenommen worden und die Hausschuhe (!) der Stellvertreterin standen neben meinem Schreibtisch, der mir privat gehört. Dabei hat sie ein eigenes Büro, das sie eigentlich nie nutzte. Vielleicht weil meines schöner ist? Dort residiert sie nun jedenfalls.

Viele Menschen fragen mich, ob ich diesen Schritt, an die Öffentlichkeit zu gehen, noch einmal gehen würde. Ja, es hat sich gelohnt. Mein Leben hat sich eindeutig verbessert, weil ich zu meinen Werten stehen kann.

Schon oft habe ich vor schwierigen Entscheidungen gestanden. Es gibt drei Fragen, die mir immer eine eindeutige Antwort geben: *»Will ich das? Bin ich das? Tut mir das gut?«* Auch heute noch kann ich alle diese Fragen mit »Ja« beantworten.

6|

Kritik am Schulalltag in der Regelschule

Als Lehrerin habe ich meine Ideen in meiner Klasse konkret umsetzen können, aber mehr konnte ich in dieser Position nicht erreichen. Ich hatte genaue Vorstellungen, die ich umsetzen wollte. Deshalb wurde ich Schulleitung. Vieles habe ich dann auch verwirklichen können, aber vieles scheiterte an der Veränderungsbereitschaft des Kollegiums. Die großen Veränderungen, die ich mit ihnen gemeinsam etabliert hatte, haben die Kollegen direkt nach meiner Remonstration wieder rückgängig gemacht. Mit Sicherheit auf demokratischem Wege. Im Sommer sollte eine neue Rhythmisierung[11] starten und die *Grundschrift* sollte umgesetzt werden. Lieber nichts Neues. Ging ja 40 Jahre auch so, warum sollte es jetzt geändert werden?

Die meisten Lehrer sind Souffleure. Sie haben in der Uni aufgepasst und arbeiten die Themen ihres Unterrichtsfachs ab, wie man es ihnen aufgetragen hat. Die Kinder haben sich daran zu halten. Alles ist vorgegeben. Kann man nicht ändern. Was wäre aber, wenn sie mit den Schülern zusammen auf die Bühne gehen und gemeinsam improvisieren müssten? Spricht man nicht von der Bühne des Lebens? Was wäre, wenn die Schule nun verlangen würde, dass sich Lehrer an den unterschiedlichen Bedürfnissen der Kinder orientieren und mit ihnen gemeinsam lernen sollen? Als

---

11 Die Rhythmisierung stellt die Struktur des Tagesablaufs im Schulalltag dar.

Souffleure sind sie eindeutig überbezahlt. Es gibt tatsächlich Lehrer, die 40 Jahre lang in dieselbe Schule gehen, den gleichen Unterricht machen und nie zu etwas aufgefordert wurden. Wen wundert es dann, dass sie Schnappatmung bekommen, wenn sie ihren Schrank aufräumen sollen, weil die neue Schulleitung es wünscht? Das hatte noch nie jemand verlangt. Es ist jedoch zu überdenken, ob 30 Jahre altes Unterrichtsmaterial noch das richtige ist. So wie Schränke von Zeit zu Zeit aufgeräumt werden sollten, ist es mit Ideen und Visionen auch. Mein Wunsch, mit diesen Lehrern eine gute Schule für Kinder zu gestalten, funktioniert nicht. Es hat keinen Sinn. Vergebene Liebesmüh.

Gefangen im System »staatliche Schule«, hatte ich nie über den Tellerrand hinausgeblickt und mir die Schullandschaft in Deutschland angeschaut. Die Schullandschaft ist vielfältig und facettenreich. Es gibt viel mehr als Montessori- und Waldorfschulen. Einige Schulen habe ich besucht und viele Konzepte gelesen. Ich war erstaunt, dass ich viele Erkenntnisse aus meinem Pädagogikstudium genau hier wiederfand. Im Ersten Staatsexamen hatte ich mich mit der Entwicklungspsychologie beschäftigt. Diese ist unter anderem von dem Schweizer Psychologen Jean Piaget (1896–1980) geprägt worden. Die kognitive Entwicklung[12] eines Kindes verläuft in bestimmten Phasen, die in der Planung des Unterrichts berücksichtigt werden sollten. Der Schularzt schätzt die kognitive Entwicklung eines Kindes, anhand seiner Untersuchungsergebnisse aus der Schuluntersuchung im Jahr vor der Einschulung ein. In der Folge müssten Eltern, Lehrer und gegebe-

---

12 Kognitive Entwicklung heißt verstandesmäßige Entwicklung. Kognitiv bedeutet Wahrnehmen, Erkennen und Denken.

nenfalls Erzieher Rückschlüsse daraus ziehen, in welchem schulischen Rahmen das Kind am besten aufgehoben ist.

Mit sechs Jahren sind die meisten Kinder noch in der ICH-Phase. Sie brauchen sinnlich-haptische Erfahrungen, um ihre eigene Welt zu erweitern. Sie brauchen Material zum Anfassen und Handlungsorientierung zum Lernen. Beim freien Spiel verfeinern sie ihre motorischen Fähigkeiten und schlüpfen durch Rollenspiele wie Vater-Mutter-Kind gerne schon einmal in eine andere Perspektive. So gelangen sie nach und nach in die DU-Phase. Erst jetzt können sie die Belange des Gegenübers in ihre Handlungen miteinbeziehen. Erst jetzt verstehen sie, dass nicht sie der Mittelpunkt der Welt sind, sondern viele Individuen neben ihnen die Welt beleben. *»Du musst jetzt im Kopf zählen und darfst nicht laut mitsprechen, weil das die anderen stört.«* Diese Aussage kann ein Schüler, der sich noch in der ICH-Phase befindet, nicht verstehen. Er braucht beim Zählen Material zum Anfassen, das ihm im Schulalltag oft verwehrt wird. Deshalb zählt er laut mit, um die Zahlen irgendwie sichtbar zu machen. Das wiederum stört die Mitschüler, die ihn viel weniger interessieren als seine eigene ICH-Welt. Die Situation kann ihn nur überfordern und Notlösungen hervorbringen. Meist folgen die Schüler der Anweisung aus Gutmütigkeit und verzweifeln leise.

Die DU-Phase ermöglicht ein Regelverständnis und beginnt meist mit Sätzen wie: *»Das ist ungerecht. Warum darf der das und ich nicht?«* Nun ist der Schüler bereit, über Klassenregeln oder Schulvereinbarungen mitzudiskutieren und abzustimmen. Erst jetzt macht Mitbestimmung durch Klassenräte einen Sinn. Bis dahin waren klare Strukturen und Grenzen nötig, um Sicherheit zu vermitteln und ein Miteinander herzustellen. Dabei sollte innerhalb der Grenzen möglichst viel Freiraum für das eigene Erleben bestehen. Ab der DU-Phase können Kinder mit Fremdbestimmung umgehen, wenn sie ein Mitspracherecht zugestanden bekommen. Vielleicht wird an dieser Stelle auch verständlich, warum die Lernfreude nach der Einschulung abnimmt? Dies geschieht nämlich proportional zur Zunahme des Gefühls der Fremdbestimmung. In der ICH-Phase leben Kinder noch das Freiheitsgefühl ihres sicheren Rahmens und in der DU-Phase wollen sie diskutieren. Beides muss in der Planung des Unterrichts berücksichtigt werden.

Diese Wörter hat unsere Tochter mit fünf Jahren geschrieben. Es war ihr wichtig mitzuteilen, dass unser Hund Oskar weggelaufen war, da sie sich sorgte.

Mit der Pubertät beginnt die WIR-Phase. Nicht mehr die Klasse oder die Schule geben die Werte vor, sondern die Welt. Jede Entscheidung wird von dem Wunsch beeinflusst, wie die Außenwelt den Jugendlichen sehen soll. Nun rücken Vereinbarungen in den Fragehorizont, die allgemeingültig sind. In der ICH-Phase sind Kinder in ihrer eigenen Welt. Sie denken in inneren Bildern und diese würden sie auch malen. Schriftspracherwerb ist Kommunikation und damit nicht einseitig auf den Adressaten bezogen. Die

Bedeutsamkeit ist erst ab der DU-Phase wirklich vorhanden. Darüber hinaus machen Lerngespräche auch erst einen Sinn, wenn der Schüler dazu bereit ist. Die Phase des ICHs, des Egozentrismus, muss durchlaufen sein. Schreibenlernen ist also erst im DU sinnvoll. Schriftspracherwerb kann bedeutsam werden, wenn Schüler erkennen können, dass sie sich mit Worten zeigen können und sie so anderen etwas von ihrer Welt offenbaren.

Schriftspracherwerb und Rechtschreibung sind untrennbar miteinander verbunden. Im besten Fall unterscheiden Kinder in *Kinderschrift* und *Buchschrift,* um zu verdeutlichen, dass Kinder noch Fehler machen dürfen. Sie wollen sich zeigen und auch jemandem etwas mitteilen. Die Funktion als Kommunikationsmittel steht beim Schreibenlernen während der DU-Phase im Vordergrund. In der WIR-Phase möchte der Jugendliche Einfluss darauf nehmen, wie er von der Öffentlichkeit gesehen wird. Die Rechtschreibung gewinnt an Bedeutung. Seine Texte sollen korrekt sein. Rüdiger Bachmann von der *Schule für freie Entfaltung* auf Schloss Tempelhof sagte einmal sehr treffend: »Mit dem Haargel kommt die Rechtschreibung!«[13]

Wie sieht nun die Realität in der Schule aus? Die schulärztliche Untersuchung kann eine Rückstellung in den Kindergarten ermöglichen, aber kein Überspringen in die 2. Klasse. Machen Klassenstufen überhaupt einen Sinn, wenn doch Entwicklungsstufen bei jedem Kind anders verlaufen? Es gibt Unterschiede von bis zu vier Jahren, dies sollte berücksichtigt werden. Wie geht es

---

13 Mein Tipp: Rüdiger Bachmann: http://potentialeentfalten.de/ (abgerufen am 29.03.2023)

einem Kind in der ICH-Phase, das still an seinem Platz sitzen soll und *mi, mi, mi* schreiben muss?

Nun gibt es tatsächlich Schulen, die keine Klassenstufen haben und sich stattdessen an der kognitiven Entwicklung orientieren und Kindern und Jugendlichen den Rahmen für ihre Potenzialentfaltung ermöglichen. Hier werden die Bedürfnisse des Einzelnen geachtet. Die *Freien Aktiven Schulen* sind hier gemäß der Pädagogik von Rebeca und Mauricio Wild die Vorreiter. Einige Regelschulen arbeiten mit einer Eingangsstufe, in der die erste und zweite Klassenstufe zusammen unterrichtet werden. Damit ermöglichen sie das Arbeiten im eigenen Lerntempo. Voraussetzung ist ein alternatives Verständnis von Unterricht. Individualisierter Unterricht ist nur leider nicht die Stärke eines jeden Lehrers, sodass viele Schulen die Eingangsstufe wieder abschaffen, weil die Kinder nicht genug lernen würden.

Meine persönliche Sichtweise der Schulgestaltung habe ich über Jahre entwickelt. Sie ist aus der Kritik an dem Unterricht in den Regelschulen entstanden.

Bildungspflicht statt Präsenzpflicht

In den meisten europäischen Ländern gab es nie eine Präsenzpflicht. Dort gibt es nur eine Bildungspflicht. Warum ist das in Deutschland anders? Warum verpflichten wir Eltern, ihre Kinder in die Schule zu geben? Warum können wir nicht Eltern erlauben, ihre Kinder selbst auszubilden? Wir haben veraltete Schulen, Lehrermangel, zu große Klassenstärken, kaum individuelle Betreuung, und gleichzeitig verbieten wir Eltern, die Ausbildung ihrer Kinder selbst zu übernehmen? Meiner Meinung nach ist es an der Zeit, die Präsenzpflicht aufzuheben. Vielleicht fahren Lehrer oder Erzieher von Zeit zu Zeit die Familien besuchen, und zwar nicht zur Kontrolle, sondern zum Austausch. Der Lehrer ist nicht automatisch der bessere Pädagoge. Alle Eltern wollen das Beste für ihr Kind und wenn es in der Schule besser aufgehoben ist, werden Eltern es auch in die Schule gehen lassen. Wir brauchen eine andere Art der Zusammenarbeit zwischen Elternhaus und Schule. Dafür muss sich die Schule öffnen und von dem Gedanken verabschieden, sie allein könne Kinder ausbilden.

> **Eine moderne Schule muss Konzepte für Präsenzunterricht und Homeschooling anbieten. Es gilt zu akzeptieren, dass Bildung auf vielen Wegen funktioniert.**

Im Sachunterricht steht das Thema *Einheimische Bäume* auf dem Plan. Die Kinder sammeln mit ihren Eltern Blätter, die dann anhand eines Arbeitsblattes bestimmt werden. Dann werden weitere zwanzig Arbeitsblätter rund um das Thema durchgearbeitet, abgeheftet und dann gibt es eine Note auf die Mappe und auf die mündliche Mitarbeit. Nun steht die Arbeit an. Kreuzchen auf den Arbeitsblättern zeigen an, was auswendig gelernt werden soll. Schnell auswendig lernen und die Arbeit schreiben. Was bleibt von diesem Wissen übrig? Das meiste wird wieder vergessen und kommt auch im Erwachsenenalter nicht wieder.

Kinder lernen, wenn es einen Sinn macht, wenn sie interessiert sind und Freude dabei haben. Spaziergänge durch das Dorf oder durch den Mischwald sind viel besser geeignet. Im Gespräch oder beim Spiel kann viel mehr Wissen vermittelt werden. Wenn ein

Kind lernt, dass es bei der Eiche rechts abbiegen muss, lernt es den Namen des Baumes. Eicheln können gesammelt und zu Zehnern gebündelt werden. Wie groß ist eigentlich der Umfang einer Eiche? Welches ist der dickste Stamm? Lernen funktioniert überall, nicht nur in der Schule. Lernen sollte sich am Leben orientieren und nicht an Kompetenzen und Kerncurricula.

Um ein Kind zu erziehen, braucht es ein ganzes Dorf

Früher hatte jedes Dorf eine Schule. Warum ist das heute nicht mehr so? Vielleicht brauchen Grundschulen gar keinen Musikraum, Textil- und Werkraum oder Kunstraum usw. Es ist manchmal viel sinnvoller, rauszugehen und die Stadt oder das Dorf als Lernraum zu nutzen. Ich habe mit meinen Klassen gerne auf dem Schulhof gearbeitet. Wir haben die Bücher und Hefte auf Klemmbretter gelegt. Draußen zu arbeiten hat die Kinder begeistert. Wald- oder Wiesenwochen eignen sich hervorragend zum projektorientierten Arbeiten. Wünschenswert wäre, mindestens einmal die Woche einen Lernort außerhalb der Schule aufzusuchen. Zusätzlich sollten regelmäßig Projektwochen möglichst außerhalb der Schule stattfinden.

Es gibt viele Lernorte. Warum sollte Leseunterricht nicht im Seniorenheim stattfinden können? Wären die Senioren nicht die idealen Zuhörer? Warum kann nicht auch einmal das Gemeindehaus, die Kirche oder das Restaurant genutzt werden? An jedem Ort gibt es etwas zu lernen, wenn nicht, bringt man es eben mit. Der Feuerwehrmann, der Polizist, der Arzt oder der Apotheker haben alle etwas zu berichten. Fragen können direkt beantwortet werden. Aus diesen Besuchen entstehen dann neue Aufgaben. Kinder erstellen sehr gerne Plakate oder arbeiten Referate aus, die sie dann den Mitschülern vorstellen. Dazu könnten auch Eltern eingeladen werden.

Ich habe Kinder erlebt, die schon in der 2. Klasse ihr erstes Referat zu einem selbst gewählten Thema erarbeitet und vorgestellt haben. Natürlich braucht es zu Beginn eine Anleitung und Unterstützung, aber irgendwann haben sie die Vorgehensweise verstanden. Einige Kinder arbeiten dann sehr selbstständig, andere brauchen weiter die Begleitung. Es ist genauso wie bei uns Erwachsenen. Wir sollten von Kindern nicht mehr verlangen. Wenn Kinder größer werden, erweitert sich ihr Radius. Die Schule könnte ihren Teil dazu beitragen. Eine Schule, die sich dem Ort öffnet und verschiedene Lernorte selbstverständlich aufsucht, ermöglicht Kindern, sich zurechtzufinden. Ich wünsche mir, dass Kinder wieder selbstverständlich Fahrrad fahren und so den Ort erkunden.

In den letzten 20 Jahren nahm die Anzahl der »Elterntaxis« zu und gleichzeitig nahmen die mobilen Fähigkeiten der Kinder ab. Kinder leiden zunehmend unter Übergewicht, sind in ihren Bewegungsabläufen eingeschränkt, haben zunehmend weniger Ausdauer und die Anzahl der Kinder, die in der 4. Klasse noch nicht Fahrrad fahren können, wird größer. Elternhaus und Grundschule sollten hier eingreifen und Kindern ihre Mobilität wieder zurückgeben. Schulwege können abgelaufen werden, auch mit der Klasse. Kinder können sich morgens verabreden und gemeinsam zur Schule gehen. Auch hier kann die Schule Verantwortung übernehmen. Ab der 1. Klasse sollte wöchentlich Mobilität ein Thema sein. Roller-, Inliner- oder Fahrradfahren und dann Geschicklichkeit üben und Verkehrserziehung. Das ist für das Leben lernen und nicht für eine Arbeit im Sachunterricht. Ziel ist nicht eine Note, sondern die eigene Lebensfähigkeit.

Ich habe immer versucht, in den ersten beiden Jahren mit der Klasse ein jedes Kind zu Hause zu besuchen. Bei einigen sind wir nur vorbeigegangen und uns wurde das Fenster des Kinderzimmers gezeigt, bei anderen durften wir im Garten spielen. Es war mir wichtig, dass die Kinder voneinander wussten, wo sie wohnten, damit sie sich verabreden konnten. Auch ich habe so die Eltern besser kennengelernt. Mein Zuhause habe ich auch immer gezeigt!

Elternmitarbeit

Jede Mutter und jeder Vater sollten das Recht haben, im Unterricht zu hospitieren. Ich möchte so weit gehen, Eltern zu verpflichten, mindestens einmal an einem Vormittag ihr Kind begleitet zu haben. Es sollte selbstverständlich sein, dass Eltern zu Besuch kommen können. Wenn wir allen Kindern gerecht werden wollen, brauchen wir Unterstützung von den Eltern. Eine produktive Zusammenarbeit ist im Interesse der Kinder.

Gesunde Ernährung

Meine letzte Schule war eine Ackerschule. Bei uns wurde auf dem Acker Gemüse gesät, gepflanzt, gepflegt und geerntet. Kartoffelernte ist immer das Beste. Wie viele Kartoffeln verstecken sich unter der Pflanze in der Erde? Im besten Fall werden danach die Kartoffeln in Alufolie gepackt und in ein Feuer gehalten. Je mehr Elemente, desto besser.

Gemüse, das selbst angebaut wurde, muss weiterverarbeitet werden. Man kann eine Kürbissuppe kochen oder Schnittlauch klein schneiden und mit Quark essen. Wer schon einmal einen Sechsjährigen gesehen hat, der stolz eine riesige Zucchini nach Hause trägt, sieht sofort, wie Gemüseanbau das Leben bereichern kann. Viele Kinder sind nicht gut ernährt. Zuckerreiche Lebensmittel, weißes Mehl und Fertiggerichte führen zu Übergewicht und Konzentrationsschwierigkeiten. Auf Elternabenden können Experten eingeladen werden, um die Eltern und Lehrer zu beraten. Kinder brauchen die regelmäßige Aufforderung, Wasser zu trinken. Zwischendurch sollte es Kohlrabi, Gurke, Apfel usw. geben. Viele Kinder wissen nicht, dass sie Gemüse auch roh essen können. Meiner Meinung nach sollten Süßigkeiten in der Schule verboten sein. Vielleicht kann die Schule auch in Zusammenarbeit mit Eltern das Frühstück organisieren und so kann die Brotdose zu Hause bleiben. Das Thema *Gesunde Lebensweise* muss mit im Vordergrund stehen und ergibt nur einen Sinn, wenn sich Eltern und Lehrer ergänzen.

Bewegungszeiten

Die Schule, die alle 45 Minuten eine Pause anbietet, sollte der Vergangenheit angehören. Ich möchte so weit gehen, dass es sich für einige Kinder wie Folter anfühlen mag, wenn sie 45 Minuten still sitzen müssen. Kinder brauchen Bewegung, um sich zu spüren. Als

Grundschullehrerin war mein Ansatz, den Kindern immer eine Flitzepause[14] zu ermöglichen. Es gab zu jeder Zeit die Möglichkeit, auf den Schulhof zu flitzen, eine Runde zu drehen und dann wieder in die Klasse zu kommen. Das war zu keiner Zeit störend, aber immer eine Notwendigkeit für das betreffende Kind.

Wenn Lernen im ganzen Schulgebäude stattfinden kann und nicht auf einen viel zu engen Klassenraum begrenzt ist, ergibt sich Bewegung von allein. Warum muss das Buch am Platz gelesen werden? Ist die Pausenhalle eventuell ein besser geeigneter Lernort? In meiner Klasse gab es immer Lesewannen. Die Kinder lagen auf einem Kissen in einer Wäschewanne und haben mit einem Klemmbrett gearbeitet. Manchmal wurde diese Wanne dann noch unter einen Tisch gestellt, um das maximale Sicherheitsgefühl zu bekommen. Es gibt Kinder, die Sicherheit physisch fühlen müssen. Rückzugsmöglichkeiten durch kleine Zelte sind auch eine gute Idee. Warum zwingen wir Kinder, den ganzen Tag mit mindestens zwanzig anderen Kindern eng zusammenzusitzen? Es gibt Kinder, die brauchen zwischendurch die Ruhe der Bücherei oder einen Platz für sich allein. Geben wir ihnen die Chance, sich kurz zu erholen. Wie wäre es auch hier wieder mit Empathie?

Schulzeiten

Es gibt Kinder, die von 7:00 Uhr bis 17:00 Uhr in der Schule sind. Es ist jedoch so, dass der Arbeitstag eines Kindes acht Stunden nicht überschreiten darf. Wir brauchen andere gesellschaftliche

---

14 Kinder lieben diesen Begriff. Ich auch.

Strukturen, die zu familiärem und nachbarschaftlichem Zusammenhalt führen. Familien sollten nicht genötigt sein, ihre Kinder über so einen langen Zeitraum in Obhut geben zu müssen. Kinder brauchen Zeit, die sie mit ihren Eltern verbringen, sie wollen zu Hause umsorgt werden. Die Schule kann die Fürsorge der Eltern nicht ersetzen.

Teamteaching

Wenn Lernen im ganzen Gebäude oder an Lernorten stattfindet, ist Unterricht nicht mehr nur an eine Person gebunden. Kinder brauchen einen Klassenlehrer oder Mentor, der ihnen einen Rahmen vorgibt und der ihr zuverlässiger Ansprechpartner ist und die Zusammenarbeit mit dem Elternhaus regelt. Lehrer sollten verpflichtet sein, mit Kollegen zusammenzuarbeiten. Es kann nicht sein, dass Schultüren verschlossen sind und niemand Einblick in den Unterricht bekommt.

Zusammenarbeit mit Institutionen und Lernexperten

Es wäre wünschenswert, dass sich die Gesellschaft dahingehend verändert, dass den Eltern wieder die Verantwortung für ihre Kinder überlassen wird. Wenn Kinder wieder im geschützten Raum ihrer Familie natürlich aufwachsen können, gibt es automatisch weniger Diagnosen. Nun sehen wir heute bei vielen Kindern Auffälligkeiten und durch coronabedingte Traumata werden in Zukunft noch mehr Kinder besonders beschult werden müssen. Diese Kinder brauchen viel Aufmerksamkeit und eine besondere Art der Ansprache. Pädagogische Mitarbeiter sollten in jeder Klasse eingesetzt werden, um die Lehrkraft zu unterstützen und die Kinder begleiten zu können. Eine Zwischenlösung wäre auch, eine permanente Elternhilfe einzurichten.

Logopäden und Ergotherapeuten sind in der Zusammenarbeit mit Lehrern im Unterricht eine sinnvolle Ergänzung. Therapien am Nachmittag werden überflüssig, wenn sie den Unterricht ergänzen. Die Überforderung der Lehrkräfte würde abnehmen, weil die Lernexperten direkt eingreifen können. Besondere Kinder bekommen dann endlich die Ansprache und die Fürsorge, die langfristig zu Erfolgen führt. Vermutlich wird dieser Lösungsansatz an der Finanzierung scheitern, wie so oft, wenn es um die Bildung geht.

Inklusion

Inklusion sollte in unserer Gesellschaft eine Selbstverständlichkeit sein. Jeder Mensch hat das Recht, als Teil der Gesellschaft ernst genommen zu werden und integriert zu sein. Warum gibt es einen Unterschied zwischen Förderschullehrern und Grundschullehrern? Fangen wir doch damit an, dass die Zusammenarbeit auch als bereichernd angesehen wird. Teamarbeit sollte eine grundlegende Basis sein – als Grundlage dessen, was sich im weiteren Verlauf daraus ergibt.

In der Regel holen Förderschullehrkräfte die Inklusionskinder aus dem Klassenverband heraus und arbeiten mit ihnen allein. Zum Teil wird das jedoch von der Lehrkraft nicht erlaubt, weil der Unterricht für wichtiger erachtet wird. Diese Praxis sollte der Vergangenheit angehören. Muss ein Kind die Ziffer 11 im Klassenverband kennenlernen, wenn es die 3 noch nicht verstanden hat, nur damit die innerschulische Rangordnung bestehen bleibt? Wie wäre es, wenn sich Lerngruppen im Unterricht bilden und Lehrkräfte, egal ob Grundschule oder Förderschule, Eltern und pädagogische Mitarbeiter die Kinder unterstützen? Versuchen wir es mit Vertrauen und bieten wir ihnen unsere Hilfe an. Alle Kinder wollen lernen. Geben wir doch allen Kindern eine Chance und achten wir ihr Recht, unter den besten Voraussetzungen lernen zu dürfen. Denn das ist es, was sie brauchen. Kinder haben ein Recht auf Bildung!

Förderbedarf Lernen

Wenn ein Kind im Vergleich zu seinen Mitschülern deutliche Leistungsunterschiede aufweist, sucht die Lehrkraft das Gespräch mit den Eltern. Sind ausgeprägte Lernschwierigkeiten vorhanden, wird der Besuch des Sozialpädiatrischen Zentrums[15] (SPZ) empfohlen. Leider besteht in der Regel eine Wartezeit für einen Termin von sechs bis zwölf Monaten. Wenn sich danach ein Förderbedarf abzeichnet, leitet die Schule ein Verfahren zur Feststellung

---

15 Das Sozialpädiatrische Zentrum sorgt für eine ambulante Krankenbehandlung von Kindern und Jugendlichen im Zusammenhang mit dem sozialen Umfeld. Ein interdisziplinäres Team (Ärzte, Psychologen, Therapeuten usw.) ermöglicht umfassende Diagnosen und auch Behandlungsmöglichkeiten. Außerdem werden auch die Eltern beraten.

ein. Meist beginnt das Verfahren am Anfang eines Schuljahres und ist nach einem Jahr abgeschlossen.

Klaus Bärbel wird eingeschult. Die Lehrer werden vom Kindergarten informiert, dass Lernschwierigkeiten vorliegen. Die Klassenlehrkraft braucht einen Beobachtungszeitraum. Beim Elternsprechtag im Februar erfahren die besorgten Eltern, dass nun Vermeidungsstrategien zu den Lernschwierigkeiten hinzugekommen sind und Klaus Bärbel durch Störungen im Unterricht auffällt. Die Eltern sollen nun mit ihrem Sohn das SPZ besuchen. Der Termin findet im Herbst des folgenden Sculjahres statt. Klaus Bärbel kommt im Sommer in die 2. Klasse. Im Unterricht bekommen alle Schüler gleichzeitig einen Arbeitsauftrag und im Anschluss Klaus Bärbel seinen eigenen. Wie fühlt sich das wohl an für einen kleinen Jungen? Er bleibt zweimal die Woche länger in der Schule, weil er in der sechsten Stunde zusätzlichen Förderunterricht in der Kleingruppe hat. Nach vier Zeitstunden Schule beginnt für ihn der Extraunterricht mit weiteren fünf Schülern, die allesamt Lernschwierigkeiten und Verhaltensauffälligkeiten aufweisen.

Nach dem Termin im SPZ im Herbst entscheidet die Schule, dass nun das Verfahren zur Feststellung des Förderbedarfs Lernen eingeleitet werden soll. Klassenlehrkraft, Förderschullehrer und Schulleitung beginnen mit der Erstellung des Gutachtens. Nach einigen Hospitationen, Gesprächen und Konferenzen ist die Mappe mit den vielen Formblättern und dem Gutachten fertig und wird an die Behörde weitergeleitet. Kurz vor den Sommerferien erreicht die Schule die Rückmeldung, dass Klaus Bärbel zunächst ein Schuljahr wiederholen sollte. Man wolle ihm noch eine Chance geben, ohne den Stempel des Förderbedarfs. Klaus

Bärbel verlässt also seine Klassengemeinschaft und wiederholt die 2. Klasse. Leider tauchen nach den Herbstferien dieselben Lernschwierigkeiten, Vermeidungsstrategien und Verhaltensauffälligkeiten wieder auf. Nun kann das Verfahren erneut eingeleitet werden. Bis dahin bekommt Klaus Bärbel einen Nachteilsausgleich. Er bekommt Förderunterricht und wieder seine eigenen Arbeitsaufträge.

In der 3. Klasse, also zu Beginn seines vierten Jahres in der Schule, steht der Förderbedarf Lernen fest. Ab jetzt hat Klaus Bärbel Glück. Der Förderschullehrer darf nun in zwei Unterrichtsstunden in der Woche mit ihm allein arbeiten. Gerne auch in der sechsten Stunde, dann verpasst er nicht den Unterricht und seine eigenen Arbeitsaufträge. Das ist der Klassenlehrkraft nämlich lieber.

Ich denke, der Grundgedanke der Inklusion ist noch nicht getroffen.

Sitzkreis

Jeder Schultag sollte mit einem Morgenkreis beginnen, der jeweils nach einem bestimmten Ritual abläuft. Das gibt den Kindern Sicherheit und Struktur. Ein Lied, ein Spiel und Informationen über den Ablauf des Tages. Oft wollen Kinder auch etwas erzählen oder sich an der Planung des Tages beteiligen. Bei einem Morgenkreis, der die Kinder willkommen heißt und ihnen zeigt, dass die Schule ihre Bedürfnisse ernst nimmt, fühlen sie sich gesehen. Wie geht es dir? Hast du etwas zu berichten? Was ist heute geplant? Wie wollen wir uns organisieren? Was müssen wir beachten? So beginnt übrigens auch oft der Arbeitstag eines Erwachsenen. In einem Handwerksbetrieb tauscht man sich morgens auch erst einmal aus. Jeder Ausflug, jedes Thema, jeder Vorgang sollte besprochen werden. Kommunikation muss gelernt werden und ist die Grundlage unseres Lebens. Schule und ganzheitliches Lernen kann nur funktionieren, wenn die Lehrkraft es schafft, verbindende, kommunikative Momente zu ermöglichen. Ein Sitzkreis, an dem alle Beteiligten aufmerksam teilnehmen, schafft Verbindung und ermöglicht Kommunikation.

Viele Lehrkräfte verstehen die Individualisierung als Gegenteil von sozialem Lernen. Sie meinen, wir würden kleine Egoisten heranziehen. Ich verstehe es genau andersherum. Wenn jedes Kind in seinen Bedürfnissen ernst genommen wird, schaffen wir die Voraussetzung, dass es sich in ein soziales Miteinander einfügt. Das Kind muss nicht mehr nach Aufmerksamkeit rufen, es fühlt sich integriert. Die Gemeinschaft signalisiert ihm, dass niemand zurückgelassen wird.

Klassenübergreifende Lerngruppen

Ist der Begriff *Klasse* nicht längst überholt? Es macht gar keinen Sinn, Kinder nach dem Alter in einer viel zu großen Gruppe zu unterrichten und alle gemeinsam mit dem gleichen Lerninhalt zu konfrontieren. Die Voraussetzungen, die sie zum Schulbeginn mitbringen, sind so unterschiedlich, dass sich eine gemeinsame Beschulung eigentlich ausschließt. Außerdem brauchen Kinder eine enge Bindung und viel Aufmerksamkeit. Lehrer sind damit oft überfordert und können mit dieser Heterogenität nicht umgehen. Um dem Ganzen zu begegnen, versuchen Lehrer die Kinder zwischen Sommer- und Herbstferien auf einen Stand zu bringen. Das wird sogar auf Elternabenden kommuniziert. Was heißt das denn eigentlich? Die Lernvoraussetzungen werden kaum berücksichtigt und das hat zum Teil Über- und Unterforderung zur Folge. Sollte es nicht um die Bedürfnisse der Kinder gehen? Heißt es nicht immer, Kinder da abzuholen, wo sie stehen?

In jeder Klasse sind mindestens zwei Kinder, die schon lesen oder schreiben können. Warum müssen diese Kinder den Leselehrgang mit durchlaufen? Ich denke da an ein Mädchen, das sich das Lesen vor Schulbeginn selbst erarbeitet hatte und sich schon schriftlich mitteilen konnte. Sie wurde gezwungen, nach einem Silbenlehrgang, der eigentlich für die Förderschule konzipiert war – Silben wie *mi, ma, mu* –, auswendig zu lernen und hundertfach aufzuschreiben. Ich bezeichne so etwas als Missachtung der Persönlichkeit! Die Gutmütigkeit der Kinder wird ausgenutzt. Es fehlt komplett an Wertschätzung. Die Lernausgangslage wird übergangen, die Bedürfnisse werden plattgemacht und stattdessen geht es um Gleichschaltung. Warum kann das Mädchen nicht einfach weiterschreiben und schließlich auch Rechtschreibung erlernen? Warum kann es sich nicht ein Buch aus der Bücherei holen, statt sinnfreie Silben zu lesen? Geht es hier um das Kind oder um die vorgegebene Methode, mit der alle Kinder gleichzeitig lernen müssen?

Vielleicht sollte Lernen in Gruppen stattfinden, die sich natürlich ergeben. Ich habe schon oft erlebt, dass sich Erstklässler für die Themen der 3. Klasse interessiert haben. Warum sollten sie nicht die Chance dazu bekommen?

Wenn Themenkreise für jedes Alter offen sind, ergibt sich vielleicht eine andere Art des Lernens. Fordern wir doch wieder Kinder heraus, anstatt sie vom Lernen zu entfernen. Die alte Flur-Klassen-Schule sollte abgerissen werden. Wir brauchen große und kleine Räume zum Versammeln, Lernen und als Rückzugsmöglichkeit.

Fordern statt Fördern

Jedes Kind bringt Stärken mit und es gilt, diese zu erkennen. Wenn ein Kind seine Stärken kennt und diese weiterentwickeln kann, empfindet es Wertschätzung. Wenn ein Kind gut lesen kann, sollte es die Möglichkeit bekommen, Bücher auszuleihen und sie anderen vorzustellen. Vielleicht kann es auch die jüngeren Kinder beim Lesenlernen unterstützen oder Märchenstunden anbieten. Wenn ein Kind seine Stärken zeigen kann, ist es auch für einen Lernstoff bereit, der ihm vielleicht nicht so liegt.

Es gibt grundlegende Fähigkeiten, die eine Grundschule vermitteln muss. Lesen, Schreiben, Rechnen und Kommunikation müssen beherrscht werden und das nicht nur in Ansätzen. Es ist sinnvoll, diese Fähigkeiten einzubetten in einen Rahmen von natürlichem Lernen und einem Miteinander. Stärken stärken, Schwächen schwächen – orientiert an den Bedürfnissen der einzelnen Kinder – statt Kompetenzen, Kerncurriculum und Lehrerzentrierung. Fordern wir die Kinder heraus, statt ihnen zu zeigen, was sie nicht können. Später im Beruf werden sie auch das tun, was sie gut können.

Im Normalfall findet ein halbes Jahr nach der Einschulung der erste Elternsprechtag statt. Nach einem halben Jahr das erste Gespräch über ein Kind! Oft gehen Eltern aus diesem Gespräch und haben mitgeteilt bekommen, was ihr Kind noch nicht kann. Nun fahren diese Eltern nach Hause und werden schon mit großen Augen erwartet. Was möchte das Kind hören? Bestimmt nicht, was es noch nicht kann. *»Frau Rottenmeier hat gesagt, dass du nicht gut rechnen kannst, und außerdem sollst du dich besser konzentrieren. Das übst du jetzt jeden Tag.«* Was passiert mit dem Kind? Ohnmachtsgefühle, Abwehr und Vertrauensverlust sind die Folge. Was ist eigentlich Konzentration und wie wird sie gefördert? Ich denke, indem man das tut, was einen interessiert.

> **Kinder zu entwerten ist eine Praxis, die verboten werden muss. Kinder sind der Schatz unserer Gesellschaft und so sollten wir auch mit ihnen umgehen!**

In diesem Zusammenhang muss ich an eine typische Situation bei einem Turnier auf dem Fußballplatz denken. Der Vater steht mit einer Bratwurst in der Hand am Spielfeldrand und brüllt seinem Kind zu: »Konzentrier dich endlich mal!« Das war seiner Meinung nach wahrscheinlich eine konkrete Handlungsvorgabe, absolut zielführend. Klasse!

Leistungsbeurteilung

Wollen Erwachsene in ihrem Beruf regelmäßig mit Noten beurteilt (oder verurteilt) werden? Welchen Sinn haben Noten? Sie bewerten Kinder und sortieren sie in Kategorien. Noten sind Gift für Kinderseelen. Selbstverständlich brauchen Kinder eine Rückmeldung über ihre Arbeit, ihr Verhalten und auch über ihre Leistung. Grundsätzlich ist auch gegen Wettbewerbe nichts zu sagen, aber alle Kinder nach dem gleichen Schema zu bewerten ist grundsätzlich falsch. Ein Kind, das zu Hause von den Eltern umsorgt und gefördert wird und große Geschwister als Vorbild hat, bringt andere Lernvoraussetzungen mit als ein Kind, für das die Eltern keine Zeit haben, weil sie vielleicht von morgens bis abends arbeiten müssen. Eine pädagogische Leistungsbewertung findet nur in Ansätzen statt, wenn Zensuren zum Ziel gemacht werden. Wo bleibt die Wirklichkeit?

Es gibt tatsächlich Excel-Tabellen für die Bewertung in Deutsch oder Mathe, die sich Lehrer ausgedacht haben, und noch schlimmer ist, dass die Lehrer von dieser Innovation auch noch begeistert sind. Da werden einzelne Noten eingegeben und der PC errechnet die Note auf mehrere Stellen nach dem Komma. *»Du hast zwar jeden Tag Mathe geübt, zusätzliche Hefte bearbeitet, dich gerne gemeldet, aber eine 5 geschrieben. Tja, das ist dann eine 3,5. Da muss ich dir leider eine 4 geben. Geht halt nicht anders. Der PC hat es ausgerechnet. Ich bin dafür nicht verantwortlich.«* Welche Botschaft kommt bei dem Kind an und welche Botschaft sollte eigentlich ankommen, wenn sich ein Kind ehrlich bemüht hat? Die Notenvergabe ist nicht mehr zeitgemäß. Schafft die Zensuren ab! Wir brauchen wahre Pädagogik und keine Leistungsverurteilung. Stattdessen brauchen Kinder wahrhaftige Rückmeldungen, zum Beispiel beim Lese- und Schreiblehrgang oder beim Rechnen.

In einer meiner ersten Schulen sprachen wir in einer Konferenz über Leistungsbewertung und es ging um die Erarbeitung eines

Rasters. Ich kann mich noch gut erinnern, dass ich mich vehement für einen pädagogischen Umgang eingesetzt habe. Ich hatte ein Kollegium, mit dem ich gerne zusammenarbeitete, und habe mich herzlich darüber amüsiert, dass sie am nächsten Tag im Lehrerzimmer ein Karnevalsfoto von mir aufgehängt hatten. Es zeigte mich im Fußballtrikot und mit Perücke und die Arme waren in die Hüften gestemmt. Darunter zitierten sie mich: *Grundschule XXX – Wir fühlen unsere Noten.*

Die Verhaltensampel

In vielen Schulen werden die Schüler nach der Einschulung gezwungen, die Schulvereinbarung zu unterschreiben. Mit ihrer Unterschrift müssen sie versprechen, sich an die Schulregeln zu halten. Sie haben kein Mitspracherecht, kein Vetorecht und auch keinen Überblick, was sie eigentlich unterschreiben. Die Schüler lernen in der Grundschule erst, ihre Bedürfnisse hinter die der Gemeinschaft zurückzustellen. Das soziale Miteinander und die sich daraus ergebenden Regeln einer Gesellschaft müssen sie erst als notwendig erachten, um sie als allgemeingültig zu akzeptieren. Das ist eine Aufgabe der Grundschule!

Wenn Unterricht nicht an den Bedürfnissen der Schüler orientiert ist, kommt es selbstverständlich zu Regelverstößen. Wenn ein Schüler noch nicht 45 Minuten zuhören kann, lenkt er sich mit Dingen ab, die ihn interessieren. In den meisten Schulklassen hängen *Verhaltensampeln* als Verstärker- und Ermahnungssystem an den Wänden. Alle Schüler sind mit ihrer Namensklammer im grünen Bereich der Ampel. Ein Regelverstoß eines Schülers führt dazu, dass seine Namensklammer in den gelben Bereich hochgesetzt wird.

Klaus Bärbel hat Mist gemacht. Alle können es sehen. Der Fachlehrer der nächsten Unterrichtsstunde ist so auch im Bilde und bereitet sich auf den *Störer* vor. Klaus Bärbel fühlt sich schlecht. Er ist nun ein Außenseiter, weil er aus der grünen Gemeinschaft ausgeschlossen wurde. Sein Bedürfnis nach Aufmerksamkeit steigt weiter an, denn immer noch interessiert sich kein Lehrer für seine Belange. Die Verhaltensampel hilft der Lehrkraft, kurzfristig auf eine Störung zu reagieren. Langfristig wird die Situation eskalieren. Denn auf den roten Bereich folgen Sanktionen als Erziehungsmittel und schließlich Ordnungsmaßnahmen. Niemand fragt sich, warum der Schüler die Regeln bricht und ob es vielleicht an den Regeln liegen könnte. Das Problem sind niemals die Schüler.

Wer sorgt sich eigentlich um die Würde der Schüler? Wo sind die Kinderrechte? Die Verhaltensampel schüchtert Kinder ein und entwürdigt sie. Sie sind dieser Praxis schutzlos ausgeliefert. Wie sieht es eigentlich mit dem Datenschutz aus, wenn es um die Bloßstellung von Kindern geht?

Digitalisierung

Viele Kinder bekommen Minuten für die Spielkonsole zugeteilt. Es ist in vielen Elternhäusern so, dass die Kinder für zwei Stunden an der frischen Luft eine halbe Stunde am Abend an die Konsole dürfen. Es gibt jedoch auch Elternhäuser, in denen die Nutzung elektronischer Geräte über ein gesundes Maß hinausgeht. Spielzeiten mit Freunden an der frischen Luft sollten immer Priorität haben. Während des Lockdowns kamen dann noch eine Videokonferenz, ein Lern-Tutorial, Aufgaben in der Lern-App und ein interaktives PDF dazu. Wie viel Zeit haben die Kinder damit insgesamt vor dem Bildschirm verbracht? Wie soll man Eltern dann noch erklären, dass Kinder lieber Bücher lesen sollten, als vor dem Bildschirm zu sitzen?

Es ist manchmal sinnvoll, die Informationen des Internets zu nutzen. Ein Videobeitrag kann durchaus in den Unterricht integriert werden, jedoch sollten digitale Medien nur gezielt genutzt werden. Seit Beginn der Coronazeit verbringen viele Kinder zu viel Zeit vor dem Bildschirm. Die Folgen von erhöhter Mediennutzung zeichnen sich zunehmend ab. Kinder leiden an Aufmerksamkeitsdefiziten, Entwicklungsstörungen, Kurzsichtigkeit und an Übergewicht.

Als Schulleitung habe ich die Digitalisierung begeistert vorangetrieben. Während des Lockdowns konnten wir so mit den Kindern arbeiten. Heute halte ich die Lerngruppe, bei der Eltern mit mehreren Kindern angeleitet lernen, für sinnvoller als digitalisierten Fernunterricht. Es entspricht mehr der natürlichen Entwicklung eines Kindes. Lernen braucht Begegnung und ganzheitliche Erfahrungen. Je später ein Kind mit digitalen Endgeräten in Kontakt kommt, desto besser. Wenn Kinder zu früh und zu lange den Reizen der Technik ausgesetzt sind, verkümmert ihr Lernspektrum.

Lesen

Lesen ist eine grundlegende Bereicherung des Lebens. In jede Schule gehört eine Bücherei. Um die Lesefreude zu unterstützen, brauchen die Kinder Bücher, die sie interessieren. Jedes Kind möchte etwas anderes lesen. Dafür braucht man Vielfalt. Die schlechteste Variante ist ein Lesebuch im Deutschunterricht. Der Lehrer sucht dann einen Text aus, der vermutlich noch nicht einmal für ihn von Interesse ist. Kinder sollten selbst entscheiden können, welches Buch sie lesen wollen.

Zu lesen heißt, den Inhalt zu erfassen. Im Unterricht geht es meist um Vorlesen. Das ist ein ganz anderer Prozess. Ist Lesen nicht ein Stück Selbstbestimmung? Bedeutet Lesen nicht die Freiheit, sich die ganze Welt in sein Kinderzimmer holen zu können? Lesen beflügelt die Fantasie.

Eine eigene Handschrift

Wenn Kinder heute zur Schule kommen, können sie alle über Handys wischen, aber nicht alle können einen Stift halten. Es sind immer Kinder dabei, die schon über ausreichend Feinmotorik verfügen und auch die ersten Wörter lautorientiert schreiben. Ich habe teilweise Linienblätter auf DIN A3 kopiert und zu Heften zusammengetackert, weil einzelne Kinder mit den normalen Anfängerlinien überfordert waren. Die ersten Buchstaben zum Nachspuren haben wir auf Tapeten geübt.

Es braucht seine Zeit, bis die Kinder sicher Druckbuchstaben schreiben können. In den meisten Schulen lernen die Kinder im

Gleichschritt einen Buchstaben nach dem anderen. Früher war dieser Prozess am Ende des ersten Schuljahres beendet. Nun dauert der Schriftspracherwerb bis Weihnachten oder teilweise bis Ostern im zweiten Schuljahr. Der Zeitraum hat sich fast verdoppelt. Erst dann können die Kinder offiziell lesen und alle Druckbuchstaben schreiben. Ab dann werden alle Buchstaben noch einmal neu gelernt, aber diesmal in Schreibschrift. So ein Blödsinn! Alle Buchstaben sehen dann wieder anders aus und werden miteinander verbunden. In der Zeugniskonferenz im Sommer stellt dann die Deutschlehrerin fest, dass Klaus Bärbel überfordert ist. Mit seiner Feinmotorik schafft er es nicht, die Schreibschriftbuchstaben zu schreiben. Es wird beschlossen, dass er wieder Druckbuchstaben schreiben darf. *»Deine Schreibschrift ist nicht gut genug. Du schreibst wieder die Buchstaben aus der 1. Klasse.«* Wie fühlt sich Klaus Bärbel? Ist das pädagogisch sinnvoll?

Meiner Meinung nach sollten die Kinder lernen, die Druckbuchstaben miteinander zu verbinden. Das nennt man dann *Grundschrift*. Welche Buchstaben können gut zusammengeschrieben werden und welche nicht? Wie kann ein großes *G* aussehen? Manche finden Schnörkel gut, andere bleiben lieber bei geraden Linien. Jedes Kind lernt, Buchstaben zusammenzuschreiben, und einige Kinder verbinden mehr Buchstaben als andere. So kann jedes Kind, gemessen an seiner Feinmotorik, seine Handschrift entwickeln. Es ist nicht nötig, alle Buchstaben wieder neu zu lernen. Es ist auch nicht nötig, dass alle Kinder eine Schreibschrift haben, die gleich aussieht. Das haben wir Erwachsenen auch nicht!

Jeder Erwachsene sollte einmal einen Stift in die Hand nehmen und einen Satz aufschreiben. Ich wette, er hat nie mehr als zwei oder drei Buchstaben miteinander verbunden. Es entspricht nämlich nicht dem normalen Schreibfluss, aber von Kindern verlangen wir das und finden es auch noch wichtig und toll.

Schriftspracherwerb und Rechtschreibung

Früher konnten alle Kinder einer Klasse am Ende der 1. Klasse lesen. Nach meinen Erfahrungen dauert heute der Schriftspracherwerb in der Regel bis weit in das zweite Schuljahr hinein. Zum einen sind die Lehrgänge kleinschrittiger und zum anderen werden Silben und Wörter oft auswendig gelernt. Nach dem systemanalytischen Prinzip werden Konsonant und Vokal zusammengezogen und so werden Wörter erarbeitet. *M-a-m-a.* Nach den heute verwendeten Silbenlehrgängen müssen die Kinder die Silbe *Ma* auswendig lernen. Das Kind übt immer wieder *ma*, bis es sich das Bild eingeprägt hat. So lernt jedes Kind lesen, nur dauert dieser Prozess sehr lange. Die Kinder üben mit sogenannten Silbenteppichen:

ma – ti – ra – so – la – mu – ro – si – li – tu – ru – so – ma – to – mi – te – se – lu – me – sa – ri

Was passiert mit den Kindern, die das Prinzip Lesen verstanden haben und einfach nur eine Möglichkeit brauchen, um schnell weitere Buchstaben kennenzulernen? Wie würden sich Erwachsene in so einem Fall verhalten?

Die Potenziale der Kinder sind so unterschiedlich, dass Schriftspracherwerb nur in Lerngruppen stattfinden darf, die sich an den Fähigkeiten der Kinder orientieren und nicht am Alter. Kinder, die schon lesen können, müssen nicht mehr Silben auswendig lernen. Das ist ein Missbrauch ihrer Gutmütigkeit und völlig sinnlos. Andere Kinder brauchen Zeit, einen strukturierten und eher auf Auswendiglernen angelegten Lehrgang und eine permanente Begleitung. Auf keinen Fall sollten sie jeden Tag erleben müssen, dass sie wieder am langsamsten gearbeitet und wieder die meisten Fehler gemacht haben. Das ist deprimierend für Kinder wie auch für Erwachsene.

Am Schriftspracherwerb wird sehr deutlich, wie Kinder nach der Einschulung in ein System gepresst werden. Die Begabungen und Bedürfnisse der Kinder werden außer Acht gelassen. Stattdessen unterrichtet sie der Lehrer nach einem Lehrgang, den die Schule ausgesucht hat. Die Entscheidung liegt bei der Deutsch-Fachkonferenz und gilt für alle Schüler der Schule. All das unterstreicht nur die Wichtigkeit der Lehrer. Wäre es nicht sinnvoll, wenn ein Lehrer in der Lage wäre, einem Kind ohne Lehrgang das Lesen und Schreiben beizubringen? Wenn unterschiedliche Möglichkeiten angeboten werden, sucht sich das Kind die Aufgabe heraus, die es schaffen kann. Ein Kind braucht eine Bestätigung und dann eine kleine Herausforderung. Ein aufmerksamer Lehrer bietet dann die Vorgehensweise an, die automatisch zu den besten Erfolgen führt. Dies würde bedeuten, dass die Schule die verpflichtende Eingangsdiagnostik ernst nimmt und sie nicht nur in einem Ordner abheftet.

In einigen Bundesländern wird der Lehrgang *Lesen durch Schreiben* von Journalisten und Politikern heftig kritisiert. Ich bin entsetzt, dass Laien eine Methode verbieten wollen, die für begabte Kinder eine gute Lösung ist, um schnell lesen und schreiben zu lernen. Es sollte doch eine pädagogische Entscheidung bleiben, mit welcher Methode einzelne Kinder lernen. Anlauttabellen sind ein wichtiger Bestandteil jedes Schriftspracherwerbs und aus der Grundschule nicht wegzudenken. Darüber hinaus halte ich Dr. Jürgen Reichen für einen grandiosen Pädagogen. Er vertrat eine Pädagogik, die ich immer noch für zukunftsweisend halte. Das Ganze hat jedoch den gravierenden Nachteil, dass nur wenige Lehrer dazu in der Lage sind.

Mein Mann besuchte vor vielen Jahren einen Vortrag von Dr. Jürgen Reichen. An der Eingangstür zum Veranstaltungsraum stand ein Mann in Cordhose, kariertem Hemd und Hosenträgern. Er hielt allen die Tür auf und grüßte freundlich. Einige grüßten zurück, wenige bedankten sich und andere beachteten ihn nicht. Es trat eine seltsame Stimmung ein, als sich der vermeintliche Hausmeister auf die Bühne vor sein schickes Publikum stellte. Er schien den Moment auszukosten.

Schreiben ist Kommunikation. Kinder wollen sich mitteilen. Sie malen Bilder und schreiben dann Wörter dazu, erstellen kleine Büchlein oder schreiben Briefe. Wenn sie Silben abschreiben, ist es keine Kommunikation, und schon fehlt der Sinn des Ganzen und das Kind schreibt, weil es muss. Kinder wollen ihre Gedanken aufschreiben. Darin sollten wir sie unterstützen. Natürlich machen sie zu Beginn Fehler, aber damit sollten wir zurechtkommen. Wir können Kindern erklären, dass sie jetzt *Kinderschrift* schreiben und später die *Buchschrift* lernen, die dann alle gut lesen können. Es heißt immer wieder, Kinder würden sich die Fehler einprägen. Ist einem Erwachsenen schon einmal aufgefallen, dass *mazDa* im Logo mit großen und kleinen Buchstaben geschrieben wird? Nein, wir würden es immer korrekt schreiben, weil wir Rechtschreibung gelernt haben.

Wenn Kinder gerne und viel schreiben, dann entwickeln sie ein Schreibgefühl. Durch Übung und angemessene Anleitung lernen sie die Regeln der Rechtschreibung kennen und gewöhnen sich mit der Zeit an die korrekte Schreibweise.

Es gibt viele Erwachsene, die es nicht gelernt haben, sich auszudrücken, und erst recht nicht grammatikalisch richtig. Wie sieht es dann erst mit ihrer Rechtschreibung aus?

Mathematik

Im Anfangsunterricht Mathematik sind die Lernvoraussetzungen genauso unterschiedlich wie beim Schriftspracherwerb. Bei einigen Kindern ist ein Zahlenverständnis bereits vorhanden. Diese Kinder sind zum Teil in der Lage, ihren Zahlenraum sehr schnell zu erweitern. Andere können eine Menge von drei noch nicht erkennen. Diese Kinder brauchen Zeit und Material, um sich Mengen und Zahlen anschaulich darzustellen. Sie müssen sich das Zahlenverständnis erarbeiten. Der Zehnerübergang und die verliebten Zahlen (1/9, 2/8, 3/7, 4/6, 5/5) müssen verinnerlicht sein, um schließlich den Zahlenraum zu erweitern. Es macht keinen Sinn, die Kinder bis 100 rechnen zu lassen, wenn sie noch kein grundlegendes Zahlenverständnis haben. Jede Aufgabe muss mit Material gelegt und dazu laut gezählt oder gerechnet werden.

Oft wissen Kinder nicht, warum sie Mathematik lernen sollen. Es ist anstrengend und ergibt für sie einfach keinen Sinn. Deshalb hatte ich in meiner Klasse in den ersten beiden Jahren immer einen Einkaufsladen und ich habe oft mit einzelnen Kindern Einkaufen gespielt. *»Ach nein, ich brauche doch nur fünf Apfelsinen.*

Wie viele muss ich dir nun zurückgeben? Sag mal schnell!« Das Spiel *HalliGalli* ist goldwert, um die Fünf als Menge zu erkennen. Mathe kann Spaß machen. Wie wäre es, wenn Eltern ein gesundes Frühstück organisieren und die Kinder sich für Centbeträge ihr Frühstück kaufen? »*Ich habe noch zwanzig Cent. Wie viele Gurkenstücke bekomme ich, wenn eins fünf Cent kostet?*«

Gelebte Kultur

Meines Erachtens fehlt es in unserer Gesellschaft an Kultur. Alles ist fließbandgefertigt, einheitlich und gleich. Ein kultivierter Mensch unterscheidet sich von anderen Menschen durch seine Individualität. Er lebt bleibende Werte, die er so gesellschaftlich verankert. Wie wird ein Mensch ein kulturelles Mitglied der Gesellschaft? Indem man ihm ganz viele Möglichkeiten anbietet, um seine individuellen Stärken zu erkennen. Für die Schule bedeutet das, ihm so viel Kultur wie möglich anzubieten. Interessant wäre ein Schulchor, eine Theatergruppe, ein Orchester oder eine Kunstwerkstatt. Kinder brauchen die Möglichkeit zur Kreativität.

Hausaufgaben

Wenn Erwachsene Feierabend haben, nehmen sie dann auch Arbeit mit nach Hause? Nein, das wäre für die Work-Life-Balance nicht gut. Warum verlangen wir es dann von unseren Kindern? Wie wäre es, wenn die Kinder zu Hause einfach ein Buch lesen oder ein Interview mit dem Nachbarn führen, weil der einen interessanten Beruf hat? Kinder sind sehr kreativ, wenn wir ihnen die Möglichkeit geben.

7 |

Kinder als Wegweiser
für eine Zukunft

Jahrelang habe ich mich mit *Kinderrechten* beschäftigt und *Demokratieerziehung* angepriesen. Das Wort *Demokratie* hat momentan einen Beigeschmack. Wie können wir über Demokratieerziehung sprechen, wenn Kinderrechte einfach übergangen werden? Wie können wir über Demokratie in der Schule sprechen, wenn Kinder gezwungen werden, in die Schule zu kommen, um Dinge zu lernen, die sie vielleicht schon wissen? Sie müssen still am Platz sitzen und dürfen nur sprechen, wenn die Lehrkraft es erlaubt. Der Klassen- und Schülerrat sollte für jede Schule etwas Selbstverständliches sein. Wir sollten Kinder an allen Abläufen beteiligen. Von einer Schule für Kinder kann nur die Rede sein, wenn auch Kinder Entscheidungen treffen.

Ich habe die Erfahrung gemacht, dass sich ein Schülerrat weiter entwickelt. Kinder lernen von einer zur anderen Sitzung, dass sie ernst genommen und ihre Wünsche berücksichtigt werden. Mein erster Schülerrat hatte eine große Umfrage unter allen Schülern gemacht, um sie zu fragen, was sie in unserer Schule ändern würden. Als wir alle Rückläufer hatten, wurden sie sortiert. Es gab ein grünes Plakat für die Wünsche, die wir umsetzen konnten, ein gelbes für Wünsche, deren Umsetzung noch Klärung brauchte, und ein rotes Plakat für alles, was nicht umgesetzt werden konnte. *»Mathe können wir nicht abschaffen – rot. Beim Milchverkauf entsteht zu viel Müll und die Milch ist gezuckert und deshalb ungesund – grün,* *wird abgeschafft.*« Bis dahin waren die Kinder jede Pause auf dem großen asphaltierten Schulhof. In den grünen Innenhof durften nur manchmal die 1. oder 2. Klassen, wenn die Lehrerin einen Termin vorgab. Nun wurde gefordert, dass sie selbst entscheiden dürfen, auf welchem Schulhof sie sich aufhalten möchten. Alle Schüler waren begeistert. Sie hatten ein bisschen Freiheit gewonnen. Ist es nicht traurig, dass sich Kinder dieses bisschen freie Entscheidungsgewalt erst wünschen müssen? Im Vorfeld diskutierten die Lehrer und vereinbarten Einschränkungen. *»Leidet der Rasen? Müssen wir dann zwei Aufsichten führen?«* Es kam zu der Einigung, dass die Kinder während der Pausen die Höfe nicht wieder wechseln dürfen, also bei ihrer Entscheidung bleiben müssen. Warum immer diese Einschränkungen? Vielleicht um die eigene Wichtigkeit zu unterstreichen? Oder bloß, um keine Macht abzugeben? Wer weiß, was dabei herauskommt? Immer nach dem Motto: Wehret den Anfängen. Wer die Macht hat, der kann machen, was er will.

Immer wenn es um die Wünsche der Kinder geht, werden die Befindlichkeiten der Lehrer dem entgegengestellt, und da sie die Erwachsenen sind, sind ihre Belange wichtiger. Es gibt kleine und große Menschen und jeder Mensch ist gleichwertig in seinen Bedürfnissen, aber eine Schule sollte sich in den Dienst der Kinder stellen. Dazu braucht man Lehrer, die ihren Beruf und Kinder lieben und gerne mit Kindern arbeiten, denn dann geht es auch ihnen gut.

Die Kinder sind die nächste Generation und ihre Zeit hat schon begonnen. Deshalb brauchen wir Schulen für Kinder!

Kinder sollten entscheiden können, bei welchem Lehrer sie lernen wollen. »*Was hast du bei Frau Rottenmeier gelernt? Ist sie eine gute Lehrerin?*« Viele Lehrer sind einfach nicht für den Schuldienst geeignet. Kein Lehrermangel kann von Kindern verlangen, sich weiter von egoistischen Lehrern herumkommandieren zu lassen. Sortieren wir doch endlich die unfähigen Lehrer aus und geben den Lehrern eine Chance, die bisher unterdrückt wurden. Wir müssen nur die Kinder fragen, sie werden genau sagen können, welche Lehrer sie mögen und bei welchen Lehrern sie nichts lernen. Wünschenswert wäre, wenn Schulleitungen im Team arbeiten würden. In dieses Team gehören auch Eltern und eine Vertretung der Stadt oder Gemeinde und gemeinsam sind sie dann verantwortlich für die Qualität einer Schule. Eine Stadt und ihre Bewohner wären somit alle in der Verantwortung. Es kann nicht sein, dass Eltern ihre Kinder in der Schule abgeben müssen und keinerlei Möglichkeiten haben, um einzuwirken. Das ist keine Demokratie.

Als Schulleitung habe ich feststellen müssen, dass mein Aufgabenbereich völlig ausgetauscht wurde. Für wen sollte ich die Hygienemaßnahmen umsetzen? Für die Kinder? Wohl kaum. Wenn nun Eltern und die Stadt ein Mitspracherecht und auch Verfügungsgewalt besessen hätten, wären dann die Hygienemaßnahmen genauso umgesetzt worden? Erwachsene sollten sich ihrer Verantwortung für Kinder bewusst sein und sie nicht an Institutionen abgeben. Schulleitungen und Lehrer sollten im Dienst der anvertrauten Kinder stehen und nicht im Dienst der Politik. Zeigen wir wieder Rückgrat und handeln wir bewusst und in Eigenverantwortung.

> Wie soll die Zukunft unserer Kinder aussehen? Kinder
> können nur lernen, wenn sie darin einen Sinn sehen und
> eine positive Grundstimmung vorhanden ist. Digitali-
> sierung und Lernkasernen hindern Kinder am Lernen
> und unterbinden freies Denken und freie Entfaltung.

Wünschen Sie sich ein selbstbestimmtes Leben für Ihr Kind? Dann verhalten Sie sich vorbildlich und unterstützen Sie Ihr Kind. Bleiben Sie in der Verantwortung und geben Sie Ihr Kind nicht ab. Niemand sorgt sich so um Ihr Kind wie Sie selbst. Keine Krippe, kein Kindergarten, kein Therapeut und auch kein Arzt liebt Ihr Kind so wie Sie. Nehmen wir uns doch Zeit und gehen mit den Kindern in die Natur. Kinder brauchen Leichtigkeit und Humor. Wann haben Sie das letzte Mal mit Ihrem Kind gelacht? Kinder brauchen keinen Urlaub. Sie können überall spielen. Eine Spielkonsole macht erst ab Schulbeginn einen Sinn und dann auch zeitlich begrenzt: zwei Stunden draußen spielen, dann eine halbe Stunde Spielkonsole. Handys gehören nicht in Kinderhände. Sie wollen doch ein intelligentes Kind! Schaffen Sie einen Gegenpol, sodass Ihr Kind die Regelschule ohne große Schäden übersteht. Es wird Zeit brauchen, bis die neuen Schulen entstanden sind.

Ein Schlüssel für die Zukunft ist die Ausbildung in Moralkompetenz. Dazu brauchen wir Fortbildungen für Lehrkräfte. Welche Werte wollen wir leben und wie müssen wir diese Werte gestalten? Es reicht nicht, Leitbilder und Schulprogramme zu verfassen, wenn keine Moral vorhanden ist. Moral liegt der Disziplin zugrunde, die wir brauchen, um Werte umzusetzen. Hannah Arendt sagte so schön: »Niemand hat das Recht, gehorsam zu sein.«

Freie Schulen sind zurzeit eine Alternative zur Regelschule, aber sie sind noch viel mehr. Sie haben eine Vorbildfunktion. Das System Regelschule funktioniert nicht, wenn es so bleibt, wie es jetzt ist, und wird sich in Zukunft an den Ansätzen der freien Schulen orientieren müssen. Changemanagement, Schulentwicklung und Methodenzirkus führen in eine Sackgasse. Ich bin dafür, die alte Schule einzuschränken und eine Schule für Kinder zu etablieren.

Teil II

MEINE VISION
EINER ZUKUNFTSSCHULE

Das Leben sollte federleicht sein.

1 |

Die Kulturelle Schule

In der Kulturellen Schule sind Kinder und Jugendliche von Klasse eins bis dreizehn und können von einem Hauptschulabschluss bis zum Abitur alle Abschlüsse erreichen. Individualisierter Unterricht und kooperative Arbeitsformen ermöglichen den Schülern, ihren Bedürfnissen entsprechend zu lernen. Ihr Lernen findet in einer kulturorientierten Gemeinschaft statt, in der Kulturellen Schule.

In der staatlichen Schule werden die Schüler dem Alter nach in Klassen eingestuft. Das Alter entspricht aber nicht der Reife eines jeden Kindes. Kognitive, soziale und emotionale Entwicklungsunterschiede von bis zu vier Jahren sind keine Ausnahme und müssen entsprechend berücksichtigt werden. Wenn wir Erwartungen an Erwachsene stellen, orientieren wir uns auch nicht ausschließlich am Alter. *»Du bist dreißig, ab jetzt kannst du Kinder erziehen.«* Eine Orientierung an der Reife ist sinnvoll, um Probleme gar nicht erst entstehen zu lassen und jedem Kind gerecht zu werden. Der Reifeprozess sollte nicht unterbrochen werden. Eine Überforderung oder Unterforderung führt zu einer Verlangsamung oder sogar zu einer Verödung der sozialen und emotionalen Entwicklung.

Die Kulturelle Schule beginnt mit der Basisklasse, geht über in die Teamschule und endet mit der Oberstufe. Die Basisklasse ist eine Form der Vorschule mit Anfangsunterricht. Sobald die Schüler bereit sind, sich an den demokratischen Grundstrukturen zu beteiligen, und lesen, schreiben und rechnen lernen wollen, wechseln sie in die Teamschule. Diese zeichnet sich durch ein hohes Maß an Mitbestimmung aus. Mit Beginn der Pubertät wechseln die Schüler in die Oberstufe.

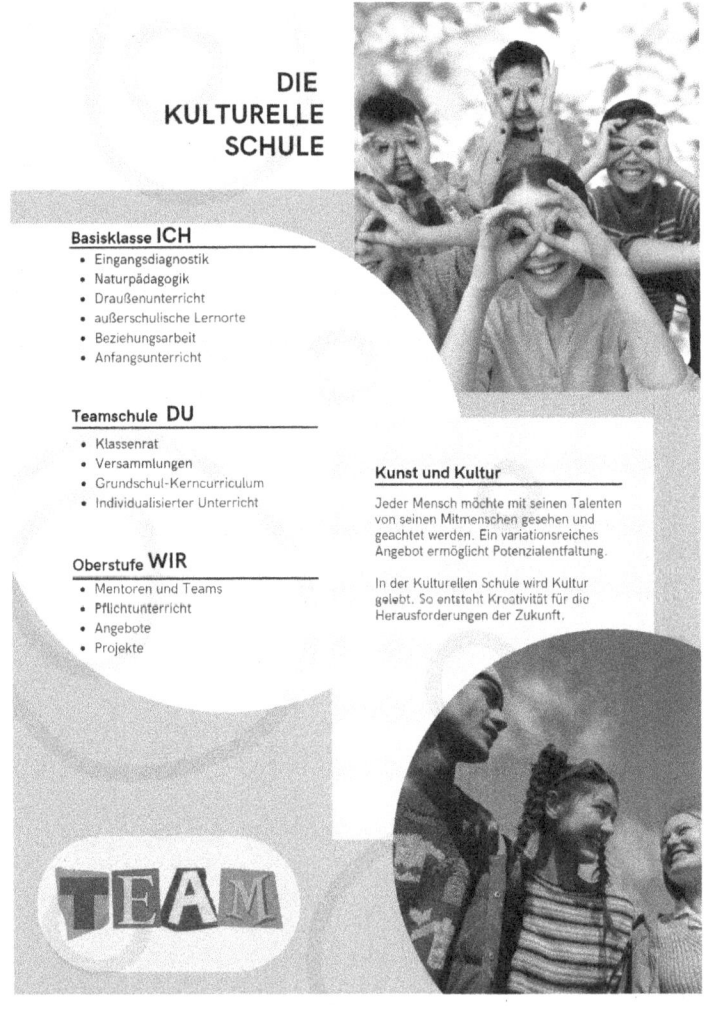

**DIE
KULTURELLE
SCHULE**

Basisklasse ICH
- Eingangsdiagnostik
- Naturpädagogik
- Draußenunterricht
- außerschulische Lernorte
- Beziehungsarbeit
- Anfangsunterricht

Teamschule DU
- Klassenrat
- Versammlungen
- Grundschul-Kerncurriculum
- Individualisierter Unterricht

Oberstufe WIR
- Mentoren und Teams
- Pflichtunterricht
- Angebote
- Projekte

Kunst und Kultur

Jeder Mensch möchte mit seinen Talenten von seinen Mitmenschen gesehen und geachtet werden. Ein variationsreiches Angebot ermöglicht Potenzialentfaltung.

In der Kulturellen Schule wird Kultur gelebt. So entsteht Kreativität für die Herausforderungen der Zukunft.

Die Kulturelle Schule

Basisklasse

Die Kinder kommen aus dem geschützten Bereich der eigenen Familie oder aus dem Kindergarten und besuchen nun die Kulturelle Schule. Die Einschulung liegt hinter ihnen und sie freuen sich auf den neuen Lebensabschnitt. Der Anspruch der Basisklasse ist, die Potenziale der neuen Schüler kennenzulernen und aufrechtzuerhalten. Die Schüler brauchen zunächst das Gefühl, dass sie willkommen und in ihrer Besonderheit akzeptiert sind. Sie werden ernst genommen und bekommen signalisiert, dass sie sich in einer vertrauensvollen Atmosphäre befinden. Somit sind sie aufgeschlossen, ein freundschaftliches Verhältnis einzugehen. Ein Kind signalisiert, wie es behandelt werden möchte.

Die erste Zeit in der Schule sollte geprägt sein von Behutsamkeit und Einfühlungsvermögen. Je mehr gelacht wird, desto schneller fühlen sich die Kinder sicher und desto schneller entsteht Vertrauen. Zur Eingewöhnung eignet sich am besten das *Freie Spiel*, weil es den Kindern viel Freiraum bietet. Jedes Kind zeigt sich seinem Charakter entsprechend. Die Lehrkraft beobachtet die Kinder und bekommt ein Gefühl für die einzelnen Persönlichkeiten. Die Beziehung zwischen Lehrer und Schüler ist entscheidend für alle weiteren Lernprozesse. Die Basisklasse ermöglicht diesen Beziehungsaufbau.

In der Basisklasse stehen die Naturpädagogik und das Draußenlernen im Vordergrund. Die Kinder befinden sich noch in der ICH-Phase und brauchen konkrete Erfahrungen mit allen Sinnen. Der Bewegungsdrang ist bei vielen Kindern groß und die Steuerung von Bewegungsimpulsen noch nicht immer ganz ausgereift. Im *Freien Spiel* können sich Kinder nach ihren Bedürfnissen entfalten. Jedes Kind kann individuell entscheiden, ob es sich im Lernhaus oder im Außengelände aufhalten will. In der Bauecke oder im Sandkasten kann man Kinder gut beobachten. Konzentration, Ausdauer und soziale Kompetenzen zeigen sich, wenn mehrere Kinder an einem Bauwerk beteiligt sind.

In der Basisklasse betreuen mindestens eine pädagogische Mitarbeiterin und eine Lehrkraft gemeinsam die Lerngruppe. Ein hoher Betreuungsschlüssel ermöglicht die Konzentration auf einzelne Kinder. Die Basisklasse bietet keinen Raum für klassischen Unterricht. Die Basisklasse hat die Aufgaben, den Beginn der Schulzeit zu einer Entstehungsphase auszugestalten. Als Ergebnis dieser Beobachtungszeit gilt es, eine solide Vertrauensbasis zwischen Schüler und Lehrer zu erreichen.

Im Schulalltag brauchen die Kinder eine klare Struktur mit verständlichen Regeln, an denen sie sich orientieren können. Entfaltung ist nur möglich, wenn Sicherheit gegeben ist.

Auch hier ist eine Zusammenarbeit zwischen Schule, Eltern und Erziehern aus dem Kindergarten von Bedeutung. Besuche im Kindergarten bzw. Elternhaus sind notwendig, um sich kennenzulernen und auszutauschen. Sinnvoll ist die Hospitation, um Hintergründe erläutern zu können. Lernbegleiter müssen erfahren, ob ein Trauma durch eine schwierige Schwangerschaft oder Geburt vorliegt. Es ist wichtig, über den Spracherwerb zu sprechen und gegebenenfalls wie sich die Geschwisterbeziehung gestaltet. In der Familie geben die Eltern dem Kind Rückhalt, in der Schule übernimmt der Klassenlehrer diese Funktion. Der Erziehungsauftrag bleibt trotzdem bei den Eltern. Das Kind ist durch seine Familie geprägt und diese Prägung ist der Ausgangspunkt für den Erziehungsauftrag des Lehrers.

Es ist sinnvoll, alle Schulwege der Kinder, soweit es möglich ist, gemeinsam abzulaufen. So wissen die Kinder, wo ihre Mitschüler wohnen, und können sich mit der Zeit in ihrem Wohnort immer besser orientieren. Ihre Lebenswelt vergrößert sich. Über das »Elterntaxi« nehmen sie die Straßen und Häuser nicht wahr, aber wenn sie die Fußgängerwege benutzen, lernen sie die Umgebung kennen. Ihr Radius vergrößert sich. Die Post, der Zahnarzt, der Optiker und der Supermarkt wollen auch im Schulalltag besucht werden und ebenfalls der Spielplatz. Letztlich sind die Spielmomente an einem Bach, einem Waldweg oder an einer Baumwurzel eines umgestürzten Baumes wertvoll für einen Prozess des Vertrauens in die Schulgemeinschaft. Das Zugehörigkeitsgefühl wächst mit jedem gemeinsamen Erlebnis.

Die Basisklasse erweitert den Lebensraum der Schüler auf die Schule und die nähere Umgebung. Der Erstunterricht Deutsch und Mathe wird innerhalb der Naturpädagogik an Beispielen aufgezeigt. Im Vordergrund stehen emotionale, soziale und motorische Fähigkeiten, die zu den Basisfähigkeiten gehören. Die Kinder wechseln in die Teamschule, wenn sie sich die Schuhe zubinden und einen Stift angemessen halten können, wenn sie anderen Kindern zuhören und aus Interesse Fragen stellen oder wenn sie beschließen, dass sie nun so weit sind, um lesen, schreiben und rechnen zu lernen. Der Übergang gestaltet sich spielerisch und sollte erprobt werden. Vielleicht erst ein kleiner Besuch, dann ein Vormittag, und sobald die ersten sozialen Kontakte entstanden sind, kann der Zeitraum erweitert werden. Vielleicht gibt es auch ein Übergangsritual für den Beginn der Schulzeit in der Teamschule.

Die Kulturelle Schule versteht sich als gelebte Inklusion. Der Wechsel von der Basisklasse in die Teamschule kann nicht allein von Fähigkeiten und Fertigkeiten abhängen, sondern ergibt sich aus einer pädagogischen Entscheidung. Diese wird von Kind, Eltern und Schule gemeinsam getroffen. Eine Einschätzung eines Logopäden, eines Ergotherapeuten oder des Kinderarztes kann sehr hilfreich sein und sollte im Hinblick auf multiprofessionelle Zusammenarbeit auch immer in Erwägung gezogen werden. Die Überforderung eines Kindes würde zu Lernschwierigkeiten und zu einer Abnahme der Lernfreude führen. Das gilt es unter allen Umständen zu vermeiden.

Teamschule

Der Übergang von der Basisklasse in die Teamschule ist fließend und wird von Lehrern begleitet. Jeder Lehrer arbeitet sowohl in der Basisklasse als auch in der Teamschule, um Zeit für die Eingangsdiagnostik zu haben. Die Basisklasse ermöglicht außerdem eine wahrhaftige Beziehung zwischen Lehrer und Schüler. Die Teamschule bietet Anforderungen für Kinder, die in das regelmachende Alter, in die DU-Phase, gekommen sind. Wenn die Kinder im Morgenkreis anfangen zu diskutieren und Freude daran entwickeln, Vereinbarungen zu treffen, sind sie bereit für den Klassenrat. Demokratische Grundstrukturen, die Partizipation und Mitbestimmung ermöglichen, bilden die Grundlage dieser Stufe.

Kinder und Lehrer begegnen sich gleichberechtigt und gestalten das Schulleben gemeinsam.

Da zu jeder Zeit Schüler von der Basisklasse in die Teamschule wechseln können, muss der Unterricht entsprechend gestaltet sein. Der Erstunterricht in Deutsch und Mathe findet individualisiert statt. Jeder Schüler arbeitet in seinem Tempo und in seinen persönlichen Arbeitsheften. Die Lerngruppen sind jahrgangsübergreifend. Jüngere und ältere Schüler profitieren voneinander. Das ist eine gute Basis für eine erweiterte Sozialkompetenz. Die Teamschule legt Wert auf Individualisierung mit dem Ziel der Teamfähigkeit. Klassenrat, Schülerrat und Schulversammlungen bringen die Kinder dazu, die Gemeinschaft mitzugestalten.

Oberstufe

Möglicherweise wechselt ein Schüler erst nach sechs Schuljahren in die Oberstufe, vielleicht aber auch schon nach drei Jahren. Die erreichten Lernziele sind ein Kriterium für den Wechsel. Entscheidend ist aber die soziale und emotionale Entwicklung. Die Oberstufe berücksichtigt die Bedürfnisse der Jugendlichen in der WIR-Phase. Das Kind wird zu einem Jugendlichen, wenn es von der DU-Phase in die WIR-Phase übergeht. Mit der Pubertät ist nicht mehr nur das eigene ICH und das Lebensumfeld von Bedeutung. Die Jugendlichen beginnen, sich ihren Platz in der Welt zu suchen. Sie lassen sich beeinflussen von der öffentlichen Meinung und setzen sich zunehmend mit Werten und Normen der Gesellschaft auseinander.

Die Kulturelle Schule verfolgt kein selektives Verfahren und gibt auch keine Kriterien für den Wechsel in die nächste Schulstufe vor. Jeder Wechsel ist eine individuelle Entscheidung des Kindes, seiner Eltern und der Lehrkräfte. In einer Lerngruppe der Oberstufe sind alle Jugendlichen in einem ähnlichen Entwicklungsprozess, nämlich der WIR-Phase, haben aber einen unterschiedlichen Leistungsstand im Bereich der kognitiven Lernziele. Unterricht ist nur individualisiert möglich, weil die Schüler unterschiedliche kognitive Lernvoraussetzungen mitbringen. Zu Beginn eines Schuljahres können die Schüler wechseln. Die Schüler wählen einen Mentor aus und schließen sich seinem Team für das nächste Schuljahr an. Jeder Schultag beginnt mit der Tagesplanung innerhalb des Teams. Das Team bietet den Jugendlichen eine vertraute Atmosphäre.

In der Pubertät brauchen Jugendliche besonders viel Schutz und die Möglichkeit zum Rückzug. Es gibt Phasen, in denen sie sich hinter einem Buch oder Bildschirm verstecken wollen, um sich intensiv mit einem Thema zu beschäftigen. Sie tauchen ab. Wer kennt nicht Jugendliche mit viel zu großer Kleidung, Haare vor dem Gesicht und Kapuze über dem Kopf? Sie wollen unsichtbar sein. Umso erstaunlicher, wenn sie sich im nächsten Moment freudestrahlend präsentieren und den Menschen zeigen wollen, wer sie sind und was sie können. So finden sie heraus, wie sie auf Menschen wirken und was ihre Rolle in der Gesellschaft ist.

Wenn nun Schüler die gesamte Schulzeit über die Möglichkeit haben, sich kreativ auszuleben, dann haben sie die Chance, darin einen Teil ihrer Persönlichkeit zu erkennen. Sie beschäftigen sich mit sich selbst und gleichzeitig auch mit ihrem Umfeld. Genauso wie ein Musiker, der in seine Musik eintaucht und sie trotzdem mit vielen Menschen teilt. Der Jugendliche ist auf der Suche nach seinem ICH im WIR. Wenn sich Jugendliche zu starken Individuen entwickeln dürfen, dann entwickelt sich eine Gruppe um sie herum zu einer starken Gemeinschaft. Ein starkes ICH fördert ein starkes WIR. Ein kultivierter Mensch zeichnet sich durch seine Individualität aus. Er lebt bleibende Werte, die er so gesellschaftlich verankert.

Die Kulturelle Schule möchte auf das Leben vorbereiten und Jugendlichen die Chance geben, ihre Kreativität zu entdecken und weiterzuentwickeln, um den Herausforderungen ihres Lebens begegnen zu können. Die Menschen der Zukunft brauchen Individualität, Kreativität, Teamfähigkeit und vor allem Verantwortungsbereitschaft, die über Eigennutz hinausgeht.

Die Oberstufe zeichnet sich durch ein vielfältiges Angebot an kreativen Kursen und Projekten aus. Instrumentalunterricht, Chor, Musicals, Theaterpädagogik, Bildhauerei, Malräume, Kunsträume usw. ermöglichen den Jugendlichen, sich ihren Neigungen entsprechend zu erfahren. Aufführungen von Theaterstücken oder dem Chor, Kunstausstellungen und Ähnliches führen zu einer stetigen Präsenz in der Öffentlichkeit. Der Name der Kulturellen Schule wird zum Programm.

Der Schultag besteht aus Pflichtunterricht und Angeboten sowie Projekten. Die Inhalte orientieren sich am Kerncurriculum der weiterführenden Schulen. Eine Leistungsbewertung durch Ziffernnoten findet ab Klasse neun statt. Ziffernnoten sind für die Abschlussprüfung verpflichtend notwendig. Es wäre aber wünschenswert, wenn man auch dort auf eine Benotung durch Ziffernnoten verzichten könnte.

Leitbild

2|

Pädagogische Grundlagen

Die Reformpädagogik ist Grundlage vieler pädagogischer Konzepte. Der Zeitgeist wirkt sich ebenfalls auf die Schule aus. Die Digitalisierung der Schule schreitet voran. Die Zukunft ist die Herausforderung für die Schule von heute. Es finden sich pädagogische Überlegungen aus der Vergangenheit und der Gegenwart als zukunftsweisend in dem Entwurf der Kulturellen Schule wieder.

Reformpädagogische Ansätze

Seit über 100 Jahren beeinflussen die Reformpädagogen die Schullandschaft. Heute ist es aktueller denn je, den Unterricht und die Lernumgebung an die Bedürfnisse der Kinder anzupassen. Ebenso ist es an der Zeit, das Kind als Mittelpunkt aller pädagogischen Erwägungen einzuordnen. Freie Schulen arbeiten in der Regel nach den Ansätzen einzelner Reformpädagogen und auch die staatliche Schule hat sich in Teilen inspirieren lassen. In den 1980er-Jahren entstand der *Offene Unterricht* und die Regelschule orientierte sich immer mehr an diesen Ansätzen, die in den Freien Schulen bereits umgesetzt wurden. Schließlich kam der Begriff *Veränderte Kindheit* hinzu und es wurde mit der Zeit immer deutlicher, dass sich die Leistungen der Schüler verringerten und immer öfter Lernschwierigkeiten auftraten. Meiner Meinung nach liegt die Ursache in den veränderten Familienstrukturen und der zu frühen Aufbewahrung von Kindern in Krippen und Kindergärten. Auch der zunehmende Medienkonsum spielt eine große Rolle. Die Bildungspolitik sah einen Verursacher in Ansätzen wie *Lesen durch Schreiben* und ähnlichen kindorientierten und freien Methoden. Der *Offene Unterricht* wurde verpönt. Der *PISA-Schock* führte schließlich zu tiefgreifenden Reformen.

Die Schulen sind seitdem verpflichtet, individualisierten Unterricht anzubieten und gleichzeitig für eine Vergleichbarkeit zu sorgen. Die 3. Klassen schreiben beispielsweise eine Vergleichsarbeit im Bereich Lesen und Rechnen. Daraus werden Rückschlüsse auf die Leistungen der Schüler, der Klasse, der Schule, der Bundesländer und vielleicht sogar der europäischen Länder gezogen. Wenn Schüler gemessen an ihren persönlichen Lernvoraussetzungen unterrichtet werden, dann ist der Leistungsstand heterogen. Dann können sie nicht alle mit dem gleichen Test überprüft werden. Das ist ein Widerspruch in sich. Meiner Meinung nach ist diese Vorgehensweise nicht lösungsorientiert. In meinen Augen ist Individualisierung nur in Verbindung mit dem Gemeinschaftsgedanken durch kooperative Arbeitsformen sinnvoll umsetzbar. Das entspricht den Grundzügen des *Offenen Unterrichts*, den ich nach wie vor als Lösungsansatz sehe. Die Reformpädagogik bietet nun eine Vielzahl an Methoden, um jedem Schüler gerecht zu werden und gleichzeitig einen Beitrag für die Gemeinschaft zu leisten. Bedienen wir uns also der alten Ideen und setzen sie innovativ um. Die Erlasse in vielen Bundesländern entsprechen in vielen Aspekten dieser Sichtweise. Jedoch werden sie vielfach nicht realisiert oder durch andere Vorgehensweisen verhindert.

Im Unterrichtsgeschehen der Regelschule gibt es drei Variablen: der Schüler, der Lehrer und das Lernziel. Alle reformpädagogischen Ansätze haben gemeinsam, dass der Schüler im Mittelpunkt steht. Der Schüler bekommt die Rolle des Subjekts zugewiesen und bleibt nicht länger das Objekt. Die Kulturelle Schule ergänzt das Modell um zwei Aspekte. Jeder Einzelne ist Teil eines Teams und stärkt dieses durch seine Individualität, somit ist der Teamgeist Teil des Unterrichts. Das Lernziel ist außerdem durch den Begriff der Kultur erweitert, denn durch gestalterische, intellektuelle und geistige Prozesse im Unterricht entsteht gelebte Kultur. So ist die Weiterentwicklung einer Gemeinschaft von den kreativen Prozessen der einzelnen Individuen abhängig. Die Kulturelle Schule möchte Abbild einer werteorientierten Gesellschaft sein, die durch gelebte Kultur entsteht, also weg vom Egoismus. Der Lehrer ist nur noch der Vermittler und kann durch Angebote sogar noch weiter in den Hintergrund treten.

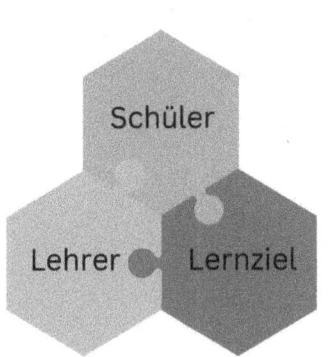

Unterricht in der Regelschule

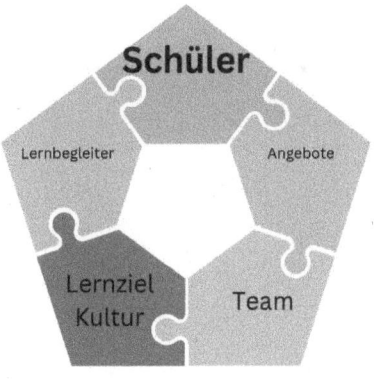

Unterricht in der Kulturellen Schule

Montessori-Pädagogik

Maria Montessori hat anfangs Lernmaterial für geistig behinderte Kinder hergestellt und erprobt. Sie hat schließlich eine Schule gegründet[16] und die Prinzipien der Montessori-Pädagogik erarbeitet. Daraus entwickelte sie die Montessori-Bewegung. Auf der ganzen Welt gibt es Montessori-Kinderhäuser, -schulen, -Kindergärten und -Krippen.

Nach der Montessori-Pädagogik werden Kinder nicht als unreife Erwachsene gesehen, sondern als vollkommene kleine Wesen, die sich nur noch entfalten müssen. Der Lernbegleiter unterstützt die Entwicklung der Kinder, indem er die Lernumgebung den Anforderungen anpasst, vorwiegend in der Kleingruppe arbeitet und möglichst keine direkten Anweisungen gibt Ziel der Montessori-Pädagogik ist es, Kindern zu ermöglichen, ein unabhängiges und eigenständiges Leben zu führen. Montessori fand heraus, dass Kinder komplexe Vorgänge besser verstehen können, wenn sie sich ihnen mit allen Sinnen nähern. Kinder empfinden eine innere Ordnung, die sie erhalten wollen. Wenn sie sich mit Material beschäftigen, dann folgen sie ihrem inneren Antrieb und beginnen es zu sortieren. Im Außen sortieren sie das Material, im Inneren ordnen sie Lernerfahrungen ein.

---

16 1919 wurde der erste Montessori-Verein in Deutschland gegründet und 1922 eröffnete die erste Montessorischule. 1936 wurden alle deutschen Montessori-Kinderhäuser durch die Nationalsozialisten geschlossen. Vgl. https://www.nifbe.de/component/themensammlung?view=item&id=688:die-anfaenge-der-montessori-paedagogik-in-deutschland (abgerufen am 27.03.2023)

Das Montessori-Material besitzt einen hohen Aufforderungs-charakter. Es fühlt sich schön an, ist farblich sortiert, besteht oft aus Perlen oder Holz. Die Lernziele sind offensichtlich und ermöglichen dadurch auch eine Überprüfung des Ergebnisses. Wenn Einmaleins-Aufgaben mit farblich sortierten Perlen gelegt werden, können die einzelnen Perlen nachgezählt und damit überprüft werden. Wenn sich Kinder mit diesem Material beschäftigen, entstehen Phasen der tiefen Konzentration. Die Kinder wiederholen Vorgänge immer wieder und bleiben konzentriert. Voraussetzung ist eine freie Wahl des Materials. Die eigene Entscheidung führt zu einer Aufgeschlossenheit, die das Kind braucht, um sich intensiv mit dem Material zu beschäftigen, und dadurch entsteht ein Höchstmaß an Disziplin. Kinder wollen experimentieren, sich erleben, das Eigene im Neuen erkennen. Die selbstständige Herangehensweise ermöglicht eigenständiges Lernen. Montessori hat also schon vor 100 Jahren eine Lösung für die Suche nach der intrinsischen Motivation[17] gefunden. Je mehr Selbstbestimmung, desto mehr Lernfreude, und je mehr Lernfreude, desto größer ist der Lernerfolg. Die Räume der Basisklasse und der Teamschule sind nach Montessori gestaltet. Die Lehrer bereiten die **Lernumgebung** vor, sie ist aufgeräumt, systematisch und einladend geord-

---

17 Intrinsische Motivation bedeutet, dass der Schüler aus dem Inneren heraus einen Anreiz verspürt, sich mit dem Thema zu beschäftigen. Vgl. https://www.montessori-deutschland.de/ueber-montessori/das-montessori-glossar/#begriff-27. Montessori Bundesverband Deutschland e. V. Berlin (abgerufen am 27.03.2023); https://www.montessori-deutschland.de/ueber-montessori/das-montessori-glossar/#begriff-46. Montessori Bundesverband Deutschland e. V. Berlin (abgerufen am 27.03.2023); https://www.montessori-deutschland.de/ueber-montessori/das-montessori-glossar/#begriff-26. Montessori Bundesverband Deutschland e. V. Berlin (abgerufen am 27.03.2023)

net. Es ist wenig Material vorhanden. So wird die Aufmerksamkeit auf neue Lerngegenstände gerichtet.

Montessori entwarf für die Beschulung von Jugendlichen ab zwölf Jahren den **Erdkinderplan.** Danach werden die Kinder auf ein eigenständiges und selbstverantwortliches Leben vorbereitet, indem ihr Unterricht durch Projekte in der Natur, wie das Anlegen eines Gartens, ergänzt wird. Sie planen, organisieren und arbeiten in Eigenverantwortung. Das erwünschte Ziel ist die Selbstorganisation und die Bildung einer Arbeitsgemeinschaft.[18] Wenn junge Menschen lernen, dass sie zusammen erfolgreich Projekte entwickeln und umsetzen können, dann lernen sie wichtige Fähigkeiten als Voraussetzung für ihren Werdegang.

Merkmale der Montessorischulen sind beispielsweise jahrgangsübergreifender Unterricht, offene Klassenzimmer und immer wieder die freie Wahl des Lerngegenstandes. Hausaufgaben und Ziffernnoten gibt es nicht. Auch keinen 45-Minuten-Unterricht, sondern längere Zeitblöcke, die eine intensive Auseinandersetzung ermöglichen und Freiräume bieten. All dies entspricht dem Konzept der Kulturellen Schule.

---

18 Vgl. https://www.montessori-deutschland.de/ueber-montessori/das-montessori-glossar/#begriff-11 Montessori Bundesverband Deutschland e. V. Berlin (abgerufen am 27.03.2023);
Ela Eckert: https://www.montessori-deutschland.de/assets/News/Aktuelles/2022_InterviewElaEckert (abgerufen am 27.03.2023);
https://www.montessori-deutschland.de/aktuelles/wie-wollen-wir-leben-interview-mit-dr-ela-eckert/. Montessori Bundesverband Deutschland e. V. Berlin (abgerufen am 27.03.2023); Ludwig, Harald (Hrsg.): Grundgedanken der Montessori-Pädagogik. Quellentexte und Praxisbeispiele. Freiburg 2017.

Waldorfpädagogik

Die Waldorfpädagogik wurde von Rudolf Steiner entwickelt. Maria Montessori argumentierte mit der kosmischen Erziehung, Steiner entwickelte seine Pädagogik nach den Ansätzen der Anthroposophie. Das Ziel ist die Erziehung von Kindern zu moralisch verantwortungsbewussten Menschen mit sozialen sowie kreativen Fähigkeiten. Kunst, Musik, biologischer Landbau, Theater und Handwerk sind Bestandteile des Schulalltages. Der Unterricht findet nach projektorientierten Themen statt, die »Epochen« genannt werden.

> **Ähnlich wie in der Waldorfschule bietet die Kulturelle Schule vielfältige künstlerische und handwerkliche Projekte an. Dabei nimmt das Zusammenspiel von Kopf, Herz und Hand einen wichtigen Stellenwert ein, um ganzheitlich Erfahrungen zu sammeln.**

In einigen Waldorfschulen führen die Schüler der Oberstufe Jahresprojekte durch. Sie planen ein Projekt, beschreiben den Verlauf in einer Abschlussarbeit und präsentieren ihr Ergebnis. So könnte ein Schüler ein Kochbuch entwerfen, indem er eigene Rezepte in Bild und Text als Buch veröffentlicht. Diese Arbeitsweise ist ebenfalls Vorbild für die Projektarbeit in der Kulturellen Schule.

Rebeca und Mauricio Wild

Weltweit gibt es *Aktive Schulen,* die sich an der pädagogischen Ausrichtung von Rebeca und Mauricio Wild orientieren. Die beiden haben in den 1980er-Jahren in Ecuador die *Pesta* als Experimentalschule gegründet und ihre Erfahrungen aus dem Schulalltag veröffentlicht. In dem Buch *Mit Kindern leben lernen – Sein zum Erziehen* beschreibt Rebeca Wild ihre Auffassung zum Umgang mit Kindern. Sie begründet den **nichtdirektiven Erziehungsstil**[19], indem sie die innere Führung der Kinder hervorhebt. Kinder reagieren auf ihre Umgebung und werden aus sich heraus aktiv. Sie wollen entdecken und ausprobieren. Ihrer Meinung nach führen autonome Entscheidungsprozesse zu wirklicher Potenzialentfaltung. Direktes Eingreifen führt dagegen zu Unselbstständigkeit und Abhängigkeit.

Wenn ein Kind Anweisungen bekommt, nach denen es handeln soll, erwartet es eine Rückmeldung und das eigentliche Ergebnis der Handlung rückt in den Hintergrund. Das Kind wird abhängig von einer positiven oder negativen Bewertung, von Belohnung oder Bestrafung. Wenn es handelt, weil es neugierig ist und sich in eine Aktivität vertieft, entwickelt es selbstständig seine eigene Lernerfahrung, die sich somit auf das Ergebnis wie auch auf die innere Fähigkeit zur Kreativität und Lösung bezieht. Eine Lernerfahrung wird daraufhin selbstständig weiterentwickelt. Der nichtdirektive Erziehungsstil führt zu wirklicher Potenzialentfaltung.

---

19 Nichtdirektiv bedeutet, dass der Lehrer nicht direkt auf das Kind einwirkt, sondern z.B. über die Gestaltung der Lernumgebung.

Rebeca Wild geht so weit, dass sie direktives Eingreifen mit Manipulation gleichsetzt.

Die Wilds berufen sich auf die Montessori-Pädagogik, wenn sie von einer vorbereiteten Lernumgebung sprechen. Sie halten eine entspannte und harmonische Atmosphäre für wichtig, um Lernprozesse zu initiieren. So greifen Kinder nicht auf Verteidigungsmechanismen zurück, um sich an die Umgebung anzupassen, was wiederum ihr persönliches Lernen verhindern würde.[20] Ein Lehrervortrag bezieht sich nie auf die Interessen aller Schüler. Außerdem kann niemals genau das Mittelmaß zwischen Unter- und Überforderung eingehalten werden, wenn alle Schüler gleichermaßen angesprochen sind. Durch einen Lehrervortrag entsteht beim größten Teil der Schüler automatisch ein ungutes Gefühl, das unweigerlich zu einer inneren Verweigerung führt. Die Folge ist der Einsatz von Vermeidungs- oder Verteidigungsstrategien. In den meisten Fällen gewöhnen sich die Schüler an diesen Dauerzustand und werden abhängig vom Urteil der Lehrer, sie lösen sich von ihrem eigenen Gefühl. Das ist der Anfang der Sucht, nämlich der Suche nach einem guten Gefühl.

Rebeca und Mauricio Wild orientieren sich in ihren Betrachtungen an der kognitiven Entwicklung nach dem Modell des Entwicklungspsychologen Jean Piaget[21]. Die Wilds teilen ihre Schule in drei Entwicklungsstufen ein, die der Einteilung Piagets entsprechen:

---

20 Vgl. Wild, Rebeca: *Mit Kindern leben lernen – Sein zum Erziehen.* Weinheim 1998.

21 Das Stufenmodell nach Jean Piaget beginnt mit der Sensomototischen Phase (0–2 Jahre), die in diesem Zusammenhang nicht erwähnt wird.

1. Nach der Einschulung besuchen die Kinder die *Primaria*, die der *präoperationalen Phase* Piagets entspricht. Das Denken ist im Egozentrismus gefangen, sodass sich die Kinder als Mittelpunkt des Geschehens sehen. Sie brauchen sensorische, haptische Erfahrungen im freien Spiel, denn sie wollen mit allen Sinnen *begreifen*. Diese ICH-Phase beginnt mit ungefähr zwei Jahren und endet mit sieben Jahren. Dabei können Entwicklungsunterschiede von vier Jahren auftreten.

2. Sobald die Schüler in das regelmachende Alter kommen, wechseln sie in die *Sekundaria*, die der *konkret-operationalen* Phase entspricht. Nach Piaget erwerben die Kinder im Alter von sieben bis zwölf Jahren die Fähigkeit zur Perspektivübernahme und ein Konzept von Kausalität. Sie wollen mitentscheiden und beginnen zu hinterfragen. In dieser DU-Phase wird das ICH durch das Gegenüber erweitert. Das logische Denken ist aber noch abhängig von konkreten Objekten.

3. Erst in der *Tertia*, der dritten Klassenstufe, ist das logische Denken so ausgereift, dass abstrakte Vorgänge nachvollzogen werden können. Ab durchschnittlich zwölf Jahren befinden sich die Schüler in der *formal-operationalen Phase*, die nun eine erweiterte Auseinandersetzung mit der Umgebung ermöglicht. Die Betrachtung bezieht nun die gesamte Außenwelt und die Gesellschaft mit ein. Die Lebenswelt der Jugendlichen vergrößert sich von dem eigenen, inneren Ich über die konkrete Lebenswelt im Außen hin zur gewünschten Rolle in der Gesellschaft. Dafür orientiert sich der Jugendliche an sei-

ner Peergroup[22], aber auch an allgemeingültigen Werten und Normen.

Die einzelnen Entwicklungsstufen finden sich in der Struktur der Kulturellen Schule wieder.

Kulturelle Schule	Rebeca und Mauricio Wild		Kognitive Entwicklungsstufen nach Jean Piaget
Basisklasse	ICH-Phase	Primaria	präoperationale Phase (2–7)
Teamschule	DU-Phase	Sekundaria	konkret-operationale Phase (7–12)
Oberstufe	WIR-Phase	Tertia	formal-operationale Phase (ab 12)

Freinet-Pädagogik

Célestin Freinet versteht seine Schule als einen Ort, an dem Kinder mitbestimmen dürfen. Die Schüler treffen gemeinsam mit den Lehrern Entscheidungen. Erziehungsziel der Freinet-Pädagogik ist die Entfaltung der Persönlichkeit für ein Leben in Eigenverantwortung in der Gemeinschaft.

Jeder Mensch hat ein natürliches Bedürfnis zu kommunizieren. Unsere Muttersprache lernen wir durch Interaktion. Die Schule kann diese angeborene Kommunikationsbereitschaft nutzen. Es

---

22 Eine Peergroup ist eine soziale Gruppe, zu der sich ein Einzelner zugehörig fühlt.

sollte zum Beispiel immer die Möglichkeit geben, einen **freien Text** zu schreiben. Freinet-Schulen verfügen über eine **Schuldruckerei,** in der Kinder schon ihre ersten Wörter drucken dürfen. Sie erarbeiten sich die Buchstaben und fügen sie zu Sätzen oder einem Text zusammen. Die **Klassenzeitung** oder auch **Schulzeitung** ist ein Verbindungsglied zwischen Schule, Elternhaus und Wohnort. Es ist von großer Bedeutung, Kindern und Jugendlichen eine Stimme zu geben und diese zu veröffentlichen. Es reicht nicht, ihnen ein Mitspracherecht einzuräumen. Ihre Worte und ihre Meinung müssen von Lehrern, Eltern und der Gemeinde direkt gehört werden.[23] Die Grundgedanken der Freinetpädagogik finden sich in dem Konzept der Kulturellen Schule wieder.

Demokratische Schulen

Demokratische Schulen gehen grundsätzlich davon aus, dass Schüler selbst wissen, was gut für sie ist. Es finden regelmäßig Schulversammlungen statt, in denen Regeln, Vereinbarungen, allgemeine Planungen und auch Konflikte besprochen werden. Es gilt, gemeinsam eine Lösung zu finden und die Entscheidung der Mehrheit zu akzeptieren. Die Schüler haben das gleiche Stimmrecht wie die Lehrer. So erleben die Schüler Gerechtigkeit und entwickeln Verantwortungsbereitschaft. Zu den bekanntesten Demokratischen Schulen gehört *Summerhill* nach A. S. Neill und die *Sudbury Valley School.* Dort ging man sogar so weit, dass die

---

23 Vgl. Baillet, Dietlinde: *Freinet praktisch. Beispiele und Berichte aus Grundschule und Sekundarstufe.* Weinheim 1983.

Schüler einmal im Jahr über die Verlängerung der Lehrerverträge abstimmen durften. Diese Idealvorstellung im großen Stil bleibt noch eine Vision für die Zukunft.

In der Teamschule findet der **Klassenrat** wöchentlich statt und der **Schülerrat** monatlich. Mit zunehmendem Alter übernehmen die Schüler immer mehr Verantwortung und organisieren selbstständig Diskussionsrunden. Schüler der Oberstufe nehmen an Teamsitzungen des Kollegiums teil und bereichern diese durch ihre Sichtweise. Die Kulturelle Schule legt Wert auf gemeinsame Entscheidungen, die jeden Einzelnen berücksichtigen. Der Teamgedanke beinhaltet Mitbestimmung und Partizipation. Jedes Teammitglied in der Schule hat ein Vetorecht und kann eine neue Diskussion einfordern. Das mag teilweise ein anstrengendes Verfahren sein, aktiviert aber die Verantwortungsübernahme.

Zeitgeist

Die Zukunft stellt uns vor vielfältige Herausforderungen. Die Schulen stehen vor der Aufgabe, die Schüler mit Kreativität und Verantwortungsbereitschaft auszustatten, um ihre und unsere Zukunft zu gestalten. Mehr denn je ist Menschlichkeit gefordert, um dem drohenden Transhumanismus[24] zu begegnen. Die Welt ruft nach einem gesunden Umgang mit den natürlichen Ressourcen, dem Verzicht auf Konsum und der Entwicklung hin zu mehr Chancengleichheit. Die Menschen sind gezwungen, umzudenken

---

24 Ein Zukunftsmodell, das die biologischen Grenzen der Menschen durch Technologie ersetzen soll.

und neue Wege einzuschlagen. Den Anfang kann jeder Mensch bei sich machen, aber die Zukunft gehört den Kindern, die jetzt zur Schule gehen. Wie soll die Zukunft aussehen? Ermöglichen wir den Kindern die Qualifikation, die ihnen hilft, Lösungen zu finden.

Die Coronakrise hat Spuren in den Kinderseelen hinterlassen. Die lange Zeit des Abstandhaltens, Masketragens und der Isolation hat die Kinder gezwungen, ihr Bedürfnis nach Nähe und Kontakt zu unterdrücken. Als Folge davon verspüren viele Kinder dieses Bedürfnis nicht mehr. Das Gehirn stellt ein Gefühl ab, wenn es über einen längeren Zeitraum unterdrückt wurde. Viele Kinder verspüren nicht mehr den Drang, miteinander zu raufen, sich zu berühren und in Kontakt zu sein. Pubertierende Jugendliche verstecken sich unter der Kapuze ihres Pullovers und der FFP2-Maske. Sie wollen nicht gesehen werden, verbergen sich lieber und schaffen es nicht, wieder präsent zu werden. Sicherlich liegt der Grund für dieses Verhalten auch in der Angst vor anderen Menschen.

Es ist Aufgabe der Eltern, aber auch der Pädagogen, dieses normale Bedürfnis nach Kontakt und nach anderen Menschen wiederzubeleben. Die Schule braucht Lebendigkeit, Leichtigkeit und wirkliche Kommunikation zu den Familien und zu den Kindern, um die Kinder und Jugendlichen einander wieder näherzubringen. Diese zutiefst menschlichen Bedürfnisse sind wichtig, um mit Menschen in Gemeinschaft leben zu können und Kontakte als Bereicherung zu empfinden. Geben wir den Kindern doch ihr Menschsein zurück.

Bindungsorientierte Pädagogik

Jede Schule hat während der Lockdowns eine Form des Homeschoolings entwickelt. Die Kinder bekamen Pakete mit Arbeitsblättern, einige Lehrer gaben Aufgaben über eine App und weitere probierten es mit Videokonferenzen. Jeder dieser Methoden fehlt aber etwas Entscheidendes, nämlich das menschliche Miteinander. Die Beschulung zu Hause während der Coronapandemie hat gezeigt, dass die Schüler zwar kognitive Lernziele erreichen können, die Leistungsbereitschaft im Laufe der Zeit aber abnimmt. Beim Homeschooling stumpfen die sozialen und emotionalen Beziehungsmomente immer mehr ab und die inhaltlichen Lernziele rücken in den Mittelpunkt. Die Beziehung zwischen der Lehrkraft und dem Schüler ist über den Computer nur sehr schwer aufrechtzuerhalten. Das Homeschooling macht die Kinder zunehmend emotionsloser. Der Mangel an menschlicher Verbindung führt zu dem Verlust der Lernfreude. Ohne Lernfreude arbeiten die Schüler weniger ausdauernd und unkonzentrierter. Das Ergebnis ist Desinteresse. Zurück im Schulalltag müssen die sozialen Kontakte erst wieder aufgebaut werden. Die besonderen Kinder sind noch auffälliger geworden und ziehen mehr Aufmerksamkeit auf sich, die an anderer Stelle wieder fehlt. Die Heterogenität hat nochmals zugenommen. Eigentlich brauchen Lehrer und Schüler in so einer Ausnahmesituation Seelsorge, Supervision, viel Zeit und keinen Leistungsdruck.

Das Homeschooling hat verdeutlicht, dass der soziale Kontakt und die persönliche Bindung zur Lehrkraft entscheidend für das Gelingen von Lernprozessen sind. Die Behörde fordert, jeden Schüler in seiner Persönlichkeit ernst zu nehmen und seine

Bedürfnisse zu berücksichtigen. Bindungsorientierte Pädagogik ist eine Chance, den erhöhten Anforderungen gerecht zu werden. Die Lehrkraft braucht dafür ein hohes Maß an Aufgeschlossenheit.

Die Schüler brauchen eine harmonische Umgebung und Vertrauen in ihre Bezugspersonen. Die Schule muss den Schülern Sicherheit vermitteln und ein Willkommensgefühl. Nur so kann sie die Folgen der Coronakrise im Laufe der Zeit aufarbeiten. Es ist Zeit für eine Veränderung.

Gemeinsame Projekte, Theaterspielen und Musik sind gut geeignet, um die Schule wieder zu einem lebendigen Ort zu machen. Gemeinschaftliche Erlebnisse fördern die Bindung und stärken das Teamgefühl. Wichtig ist auch, Meilensteine in der Gruppe zu feiern. Können alle Kinder der Gruppe das kleine Einmaleins? Dann ist es an der Zeit, eine Party zu veranstalten. Die Schule muss zu einem fröhlichen Ort mit echten Begegnungen werden.

Nach Gerald Hüther streben wir Menschen nach Kohärenz[25], einem Zustand, in dem Denken, Fühlen und Handeln eine Einheit ergeben. Die Geschehnisse entsprechen den Erwartungen und werden verarbeitet, indem sie mit dem eigenen Erfahrungsschatz abgeglichen werden. Die besten Lernvoraussetzungen sind gegeben, wenn sich eine Situation gut und stimmig anfühlt. Der Mensch lernt, wenn sein Interesse auf etwas gelenkt wird, das ihn irritiert. Er ist neugierig und beschäftigt sich nun so lange mit diesem Anreiz, bis er es in seinen Erfahrungsschatz einsortieren

---

25 Kohärenz bedeutet innerer Zusammenhang.

kann. Wenn die Neugierde gestillt ist, belohnt ihn das Gehirn durch ein gutes Gefühl und der Mensch kann sich wieder entspannen.[26]

Der Unterrichtsinhalt muss für den einzelnen Schüler bedeutsam sein, sodass ein Interesse daran entsteht. Außerdem muss das Thema emotional aufgeladen sein. Wenn sich Lehrkraft und Schüler gut verstehen, nimmt der Schüler Lernangebote gerne an. Je bedeutsamer der Inhalt ist, desto größer ist das Interesse. Ist die Beziehung zwischen Lehrkraft und Schüler ausgeglichen, funktioniert auch der Lernprozess.[27]

In der Kulturellen Schule sollen sich alle Beteiligten wohlfühlen, vielleicht wie in einem zweiten Zuhause. Wenn sich Lehrer und Schüler in ihrer Begeisterung austauschen können und man sich Wertschätzung entgegenbringt, öffnen sich die Beteiligten und bringen sich mit ihrer Persönlichkeit in die Gemeinschaft ein. Der Teamgedanke ist Voraussetzung für ein Miteinander. Probleme entstehen, wenn ein Team die Offenheit für etwas Neues verliert, weil sich alle auf einen Nenner reduziert haben.

Naturpädagogik und Draußenunterricht

Naturpädagogik kann nicht in einem Klassenraum stattfinden. Die Natur ist draußen. Das Draußenlernen macht den Schulalltag interessant, weil viel mehr Spontanität möglich ist. Draußenunter-

---

26 Vgl. Hüther, Gerald: *Mit Freude lernen ein Leben lang.* Göttingen 2016.

27 Vgl. Spitzer, Manfred: *Lernen. Gehirnforschung und die Schule des Lebens.* Heidelberg 2002.

richt vereint Umweltbildung[28] und Erlebnispädagogik miteinander. Viele Schüler verbringen viel Zeit mit digitalen Medien und haben verlernt, sich im Außen zu beschäftigen. Durch ein Fenster betrachtet kann Regen feindlich erscheinen. In Pfützen springen und Wildschweinsuhlen bauen, lässt den Regen zu einem Erlebnis werden. Trockenes Anmachholz sammeln und eine Feuerstelle vorbereiten, ist ein archaischer Vorgang, der Kindern ein Gefühl von Sicherheit und Urvertrauen vermittelt. Der Umgang mit den vier Elementen stellt eine Beziehung zur Natur her und die Schüler sind ausgeglichen und zufrieden. Vielleicht entstehen dadurch auch weniger Diagnosen wie ADHS. Draußenlernen statt Ritalin.

Draußenlernen ist Erziehung zu einer gesunden Lebensweise. Die Verbundenheit mit der Natur und die Bewegung an der frischen Luft führen zu einer natürlichen Lebensführung. Im freien Spiel können Kinder ihrer Neugierde nachgehen und ihre Aufmerksamkeit auf Tiere und Pflanzen richten. Durch kindliche Entdeckerfreude lernen sie immer wieder Neues. Kinder brauchen ein Gefühl von Freiheit. Im Umgang mit der Natur entwickeln sie Achtsamkeit und eine Sensibilität für natürliche Vorgänge. Auf einmal nimmt ein Kind einen Mistkäfer vorsichtig auf die Hand, weil er auf dem Rücken lag, und trägt ihn über den Weg, damit ihm nichts passieren kann. Diese Empathie und Umsicht brauchen die Menschen im Umgang mit der Natur, aber auch im Miteinander. In der Basisklasse der Kulturellen Schule sind die Schüler täglich draußen. Wenn sie wollen, können sie sich aber auch im Gebäude aufhalten. Die Teamschule wandert mindestens an

---

28 Die Umweltbildung regt durch Wissensvermittlung zu einem bewussten Umgang mit der Natur an.

einem Tag in der Woche. Erlebnisse in der Natur sind somit ein Teil des Unterrichts.

Neben der Naturpädagogik können alle Fächer in der Natur unterrichtet werden. Ein neuer Buchstabe kann mit einem Stock in den Sand geschrieben werden, aber eine Handschrift zu üben, ist am Tisch besser. Kastanien können in Fünfermengen sortiert werden, aber geometrische Formen mit Lineal zu zeichnen, ist ohne Unterlage schwierig. Insgesamt ist das Draußenlernen eine Bereicherung für den Schulalltag und für das Wohlbefinden aller Beteiligten, weil die Natur Gelassenheit erzeugt.

Digitalisierung

Schüler wachsen heute in smarten Wohnungen auf und gehen mit Tablet und Handy selbstverständlich um. Das Lebensumfeld ist digitalisiert. Die Kulturelle Schule möchte eine Balance zwischen Naturverbundenheit und digitalen Medien herstellen.

Die grüne Tafel ist staubig und veraltet. Ein Smartboard sollte eine Selbstverständlichkeit in Klassenzimmern sein. Ab der Oberstufe können Schüler auch mit einem Tablet arbeiten und Arbeitsblätter können digitalisiert angeboten werden. Digitale Medien ermöglichen den Zugriff auf alle Informationen. Wenn Lernen und Leben eine Einheit ergeben sollen, dann gehört die Digitalisierung auch in das Klassenzimmer, denn unser Leben ist bereits digitalisiert.

Schreiben und Lesen braucht eine *händische* Ausbildung. Zunächst drucken die Schüler Wörter, dann entwickeln sie eine eigene Handschrift und lernen schließlich die Rechtschreibung.

Ein Worterkennungsprogramm ist erst sinnvoll, wenn die Schüler einwandfrei schreiben können. Wenn Kinder zu früh mit digitalen Medien umgehen, entwickelt sich ihre Wahrnehmungsfähigkeit nur einseitig. Sie fokussieren sich auf einen Bildschirm und konsumieren Informationen. Zum Lernen brauchen sie aber Erfahrungen, möglichst in wahren Lebenssituationen. Eine Vielfalt an Sinneseindrücken ist für die Entwicklung des Gehirns immer von Vorteil. Ganzheitliches Lernen ist ein Ideal. Ein animierter, sprechender Traktor auf *YouTube* ist nichts im Vergleich zu einem Maishäcksler auf dem Acker. Aus diesem Grund ist die Basisklasse täglich draußen und die Teamschule wöchentlich auf Ausflügen. So ergibt sich eine solide Basis, um den Schülern der Oberstufe schließlich digitalisiertes Lernen anbieten zu können, ohne weitere Defizite zu erzeugen.[29]

Inklusion

Inklusion ist Menschlichkeit. In der Kulturellen Schule wird jeder Mensch in seiner Eigenart geachtet. Jeder Mensch hat das Recht, seine Persönlichkeit zu entfalten. Wenn Inklusion als Integration von Schülern mit einer Lernbeeinträchtigung oder körperlichen Behinderungen verstanden wird, dann liegt in meinen Augen ein Missverständnis vor.

---

29 Vgl. Teuchert-Noodt, Gertraud: »20 Thesen zu digitalen Medien aus Sicht der Hirnforschung«, in: *umwelt medizin gesellschaft*. Heft 30, 4/2017.

> **Inklusion bedeutet, dass jeder Mensch Besonderheiten hat und ein Teil der Gemeinschaft ist. Inklusion ist eine Frage der Haltung. Betrachten wir die Defizite eines Menschen oder die Stärken? Eine Haltung, die Schüler defizitär betrachtet, grenzt aus. Eine Haltung, die Schüler sieht, wie sie sind, schließt alle mit ein. Alle sind Teil einer Gruppe, die sich gegenseitig respektieren.**

Damit die Inklusion von Kindern mit einer körperlichen Behinderung möglich ist, muss die Schule angemessen baulich ausgestattet sein. Die Inklusion von Kindern mit einer Lernbehinderung setzt eine entsprechende Ausbildung der Lehrkräfte voraus. Ein Förderschullehrer beschult Kinder mit einem bestimmten Förderbedarf. Dazu zählen die Bereiche *Lernen, Geistige Entwicklung, Körperlich-motorische Entwicklung, Sozial-emotionale Entwicklung, Schreiben, Hören* und *Sehen*. Die Feststellung eines Förderbedarfs ist ein langer Prozess, der stark bürokratisiert ist. Am Ende ändert sich für den Schüler kaum etwas.

Meiner Meinung nach entspricht diese Vorgehensweise nicht dem Grundgedanken der Inklusion, sondern der Integration. In der Kulturellen Schule bilden Förderschullehrkraft und Klassenlehrkraft ein Team. Es ist nicht richtig, ein Kind zu einem Förderkind oder, noch schlimmer, I-Kind abzustempeln. Alle Kinder sind besonders und haben ein Recht auf Bildung in der Gemeinschaft. Die Ausbildung zu einem Grund-, Haupt- und Realschullehrer müsste eigentlich um die Inhalte eines Förderschulstudiums erweitert werden. Der Klassenlehrer müsste so ausgebildet sein, dass er mit allen Schülern arbeiten kann. Der Unterricht muss zwingend individualisiert sein, denn nur dann können alle Schüler entsprechend ihrer Lernvoraussetzungen berücksichtigt werden.

Inklusion kann gelingen, wenn Eltern, Lehrkräfte und Therapeuten zusammenarbeiten. Ein regelmäßiger Austausch sollte verpflichtend sein. Verschiedene Sichtweisen helfen, die Situation des Kindes richtig einzuschätzen. In der Kulturellen Schule ist jede Woche ein Zeitraum für Fallmanagement festgelegt. Ein Schüler wird im Vorfeld ausgewählt. Lehrer und pädagogische Mitarbeiter bereiten sich vor und sprechen über die Situation dieses Schülers. Im Schulalltag fehlt es oft an Zeit und Ressourcen, um sich intensiv im Team auszutauschen. Deshalb liegt die Konzentration auf nur einem Kind.

Erlebnispädagogik

Erlebnispädagogische Elemente ergänzen den Draußenunterricht. Als Herausforderung bietet sich eine weite Wanderung an,. Vielleicht gilt es, eine Kletterwand zu meistern, oder eine Gruppe übernachtet gemeinsam im Wald. Die Möglichkeit an Erlebnissen ist vielseitig. Die Schüler gewinnen Vertrauen in ihre Fähigkeiten und erweitern ihre soziale Kompetenz. Sie lernen, Hilfe anzunehmen, erfahren die eigenen Grenzen und wagen sich vielleicht schon darüber hinaus. Besondere Erlebnisse prägen sich ein und wirken sich nachhaltig aus. Die Erlebnispädagogik fordert Schüler zu persönlichem Wachstum heraus, indem sie Grenzen überschreiten und Mut beweisen.

Im Schulkontext gewinnt die Erlebnispädagogik im Umgang mit verhaltensauffälligen Schülern an Bedeutung. An einer Kletterwand braucht der Schüler Durchhaltevermögen, Konzentration und Ausdauer. Das gute Gefühl, eine Kletterwand aufgrund der eigenen Anstrengung gemeistert zu haben, nimmt der Schüler mit in den Unterricht. Das Erlebte mit Freunden zu teilen stärkt den Teamgedanken. Die Erlebnispädagogik kann zu erstaunlichen Ergebnissen führen und wirkt sich auf die gesamte Schulsituation positiv aus.

3|

Leben und Lernen

Pädagogische Haltung

Jede pädagogische Handlung beginnt mit einer Interaktion. Der Pädagoge gewinnt einen ersten Eindruck vom Schüler. Dafür sind Eigenschaften wie Authentizität, Empathie, Offenheit und Bereitschaft zur Zusammenarbeit nötig. Aus diesen Wesenszügen ergibt sich die Haltung gegenüber anderen Menschen. Eine Lehrkraft agiert immer als Vorbild und braucht die Fähigkeit der Selbstreflexion und der Selbstregulierung. Wenn eine Lehrkraft Begeisterung zeigt, neugierig ist und aufgeschlossen kommuniziert, dann hören ihr die Schüler gerne zu. Gegenseitiger Respekt und Wertschätzung sind Grundlage der Schulzeit. Es beginnt mit einem freundlichen Gruß am Morgen, dem gegenseitigen Türaufhalten, dem Aufheben der heruntergefallenen Jacke und insgesamt einem wohlwollenden Miteinander in der Schule.

Lernhäuser

Die pädagogische Ausrichtung findet sich auch in der Architektur und Ausstattung des Schulgebäudes wieder. Die Flur-Klassenzimmer-Schule gehört der Vergangenheit an. Der Unterricht von heute stellt andere Ansprüche, die sich nur in einer offenen Lernlandschaft umsetzen lassen. Die Räumlichkeiten müssen Freiraum bieten und Möglichkeiten zur Selbstentwicklung beinhalten. Die Schüler arbeiten allein, mit einem Partner oder in unterschiedlich großen Lerngruppen und brauchen eine Auswahl an besonderen Sitzgelegenheiten. Gleichzeitig werden Fachräume, Gruppenräume und Nischen für einen Rückzug angeboten.

Lernhaus der Basisklasse

Das Lernhaus der Basisklasse ist für Kinderaugen überschaubar und klar strukturiert. Der überwiegende Teil des Schulalltages findet außerhalb des Gebäudes statt. Deshalb ist eine großzügige Fensterfront und Terrasse für ein Zusammenspiel von Außen- und Innenbereich wünschenswert. Die Außenanlage ist großzügig, hügelig und bietet Rückzugsmöglichkeiten. Um eine Feuerstelle herum gibt es Sitzgelegenheiten, ein Wasserlauf und eine Sandkiste laden zum Experimentieren ein. Im Lernhaus gibt es einen Sitzkreis mit einem Tisch in der Mitte und Bänken. Der Raum ist hell und mit Teppichen ausgelegt, sodass die Kinder immer auf dem Fußboden sitzen können. Die Bauecke ist groß und ermöglicht mehreren Kindern, gleichzeitig zu bauen.

In den Regalen sind wenige und aufgeräumte Lernmaterialien, die regelmäßig und nach Bedarf ausgetauscht werden. Das Interesse der Schüler wird immer wieder auf neues Material gelenkt. Die Kinder brauchen Freiraum und Rückzugsmöglichkeiten, verschiedene Ebenen zum Klettern, Sitzkissen und auch Verstecke. Im **Buchstabenraum** steht das Material zum Schriftspracherwerb zur Verfügung. Der **Zahlenraum** enthält das Material zum Zahlenerwerb. Diese Räume werden gemeinsam von der Basisklasse und der Teamschule genutzt.

Lernhaus der Teamschule

Das Lernhaus der Teamschule ist größer und bietet mehr Möglichkeiten. Im Zentrum der Lernlandschaft gibt es einen großen Raum mit verschiedenen Angeboten. Auf einem großen, runden Teppich in der Mitte finden die gemeinsamen Versammlungen der Teamschule statt. Es gibt Schreibtische, Gruppentische, Sofas und Podeste. Jede Lerngruppe nutzt einen Bereich innerhalb der Lernlandschaft für sich. Dort befinden sich ihre Schränke mit den Fächern für ihr Material und und Gruppentische. Zum Schulbeginn und zum Schulende finden sich die Kinder mit ihrer Lehrkraft dort ein, um den Schultag zu besprechen.

An die Lernlandschaft grenzen verschiedene Räume an. Gruppenräume können genutzt werden, um besonders leise oder auch laut zu arbeiten. In der **Küche** kann ein Frühstück vorbereitet werden. Im **Bauraum** stehen Bauklötze zur Verfügung. Podeste und Spiegelflächen laden zum Experimentieren ein. Neben dem **Buchstaben-** und **Zahlenraum** gibt es zur Weiterführung das **Sprach-** und das **Mathelabor**. Eine **Druckerei** nach der Freinet-Pädagogik ermöglicht das Drucken und die Veröffentlichung von Texten. Im **Forscherlabor** werden sachkundliche Themen besprochen. Dort stehen vorbereitete Materialkisten zur Verfügung, die auch Arbeitsaufträge enthalten und frei genutzt werden können. Eine **Werkstatt,** ein **Kunstraum,** ein **Musikraum** und ein **Handarbeitsraum** bieten gestalterische Angebote. Ein **Bewegungsraum** hilft bei zappeligen Kinderbeinen und kann für Spiele genutzt werden. Die **Bücherei** ist in die Lernlandschaft integriert. Eine **Bühne** ermöglicht Präsentationen. Zwischen Schreibtischen und Gruppentischen stehen Regale und Stellwände. Es gibt Stehtische mit Hockern und Wannen zum Hineinlegen. Klemmbretter ermöglichen das Schreiben in ungewöhnlichen Arbeitshaltungen. Die Lernlandschaft ermöglicht unterschiedliche Arbeitsformen für individualisierten Unterricht und kooperative Arbeitsformen.

Lernhaus der Oberstufe

Die Lernhäuser der Basisklasse und der Teamschule sind miteinander verbunden und werden manchmal gemeinsam genutzt. Das Lernhaus der Oberstufe steht nur den Oberstufenschülern zur Verfügung, weil sie nach einem anderen Konzept arbeiten. Die Lernlandschaft ist großzügig gestaltet und bietet unterschiedliche Arbeitsbereiche an. In der staatlichen Schule gibt es Klassenräume, in denen die Schüler stündlich von einem anderen Lehrer unterrichtet werden. In der Kulturellen Schule hat eine Klasse gemeinsam mit ihrem Mentor einen eigenen Gruppenraum, um sich für Klassengespräche und Selbstlernzeiten zurückziehen zu können. Dort findet kein Fachunterricht statt.

Den Fachlehrern steht ein eigener Raum zur Verfügung. Die Einrichtung und Ausstattung entspricht den Anforderungen ihrer Unterrichtsfächer. Ein Englisch- und Physiklehrer richtet seinen Raum nach seinen Vorstellungen ein, die er für seinen Fachunterricht für nötig hält. Er richtet die Lernumgebung so her, dass die Schüler ihn gerne in seinem Raum besuchen.

Ein **Auditorium** bietet Platz für ein großes Publikum und ermöglicht Theater-, Musikabende und Schulversammlungen. Die **Turnhalle** steht allen Schülern der Kulturellen Schule zur Verfügung.

Lerninhalte in der staatlichen und in der freien Schule

Jedes Bundesland hat ein eigenes Kerncurriculum für jedes Unterrichtsfach. Anhand dieses Curriculums erarbeitet jede Regelschule ihre schuleigenen Arbeitspläne. Darin ist eine zeitliche Abfolge festgehalten, wann welche Themen Unterrichtsinhalte sind und wie der Lernstand überprüft werden soll. Leider sind darin keine Anhaltspunkte enthalten, wie der Unterricht individualisiert und bedürfnisorientiert ablaufen könnte. Vielleicht sollten die Prioritäten anders gesetzt werden. Statt schuleigener Arbeitspläne schülerorientierte Angebote.

In der alternativen Schule müssen die Schüler am Ende der Schulzeit beim Wechsel in das Regelsystem über das gleiche Wissen verfügen wie die Schüler der Regelschule. Diesem Einheitskriterium muss sich eine alternative Schule stellen. Die Methoden, um das Lernziel zu erreichen, sind nicht vorgegeben und unterliegen der freien Gestaltung.[30]

Die Unterrichtsgestaltung in der staatlichen Schule unterliegt größtenteils der pädagogischen Entscheidung der jeweiligen Lehrkraft. Es wäre demnach auch dort möglich sich ebenfalls an eine neue Ausrichtung anzupassen. Die Erlasse bieten den Schulen einen Spielraum, um die Bedingungen zur Veränderung herzustellen. Wenn sich eine Schule zum Beispiel zu einer Sportschule wandeln will, kann sie durch eine veränderte Verteilung der Stundenanzahl den Unterrichtsfächern eine neue Schwerpunktsetzung

---

30 Vgl. Artikel 7 Absatz 4 GG

geben.[31] Nach den Erlassen in Niedersachsen wird ein individualisierter Unterricht gefordert, der sich an den Bedürfnissen der einzelnen Schüler orientiert. Der Freiraum für Reformen innerhalb des Systems ist vorhanden.

Die Kulturelle Schule ist als staatliche Schule sowie als freie Schule denkbar. Der Schulträger ist austauschbar. Die Lerninhalte sind in beiden Systemen vorgegeben, denn am Ende sollen Schüler über die Kompetenzen verfügen, die ihnen einen Einstieg in die Berufswelt ermöglichen. Sie lernen für das Leben, ob in der staatlichen oder in der alternativen Schule.

Schulalltag in der Kulturellen Schule

Ritualisierter Schultag

Jeder Mensch hat ein Bedürfnis nach Gewohnheiten und Ritualen. Sie geben uns Orientierung, Geborgenheit und Sicherheit. Durch einen strukturierten Schulalltag finden Schüler zu einem Rhythmus und zu einer inneren Balance. Feste, wiederkehrende Strukturen bieten Verlässlichkeit. Rituale rhythmisieren einzelne Unterrichtsstunden, den Tages- und Wochenablauf und auch das Schuljahr.

---

31 Nach der Kontingentstundentafel können die Jahreswochenstunden auf die Schulzeit verteilt werden. Die Wochenstunden pro Stufe werden von der Schule festgelegt. So entsteht ein größerer pädagogischer Freiraum (vgl. Erlass zur Arbeit in der Grundschule, RdErl d. MK vom 01.08.2020, Niedersächsisches Kultusministerium).

Wochenablauf

Die Basisklasse hat viel Freiraum zur flexiblen Gestaltung des Schulalltages. In der Teamschule brauchen die Schüler eine Struktur, die ihnen hilft, sich zu orientieren. In der Oberstufe hat jeder Schüler einen Stundenplan.

Wochenablauf in der Basisklasse

Basisklasse	
Montag	Montagsrunde, Montagszeitung
Dienstag	
Mittwoch	
Donnerstag	
Freitag	Freitagsrunde mit Ausblick auf das Wochenende

In der Basisklasse ist jeder Schultag möglichst ähnlich strukturiert. Der Sitzkreis ist ein wichtiger Bestandteil des Schulalltages. Der Kreis symbolisiert eine Arbeitsgemeinschaft, in der sich alle begegnen und der Lehrer ein Teil der Gruppe ist. Kein Schüler sollte gezwungen sein, an einem Sitzkreis teilzunehmen. Die **Montags- und Freitagsrunden** haben einen besonderen Stellenwert. Die **Montagszeitung** ist ein Ritual, das in den nächsten Schuljahren weitergeführt wird. Zunächst malen die Kinder ein Bild vom Wochenende, vielleicht drucken sie bereits die ersten Wörter und später schreiben sie einen freien Text. Am Ende eines Schuljahres werden die Montagszeitungen eines jeden Schülers gebunden und so ergibt sich ein Überblick über die Entwicklung innerhalb des vergangenen Jahres. Texte und Bilder aus dem Schulalltag und Erinnerungen an besondere Erlebnisse werden hinzugefügt und so entsteht ein sehr persönliches Jahresheft. Es ist das erste Lerntagebuch.

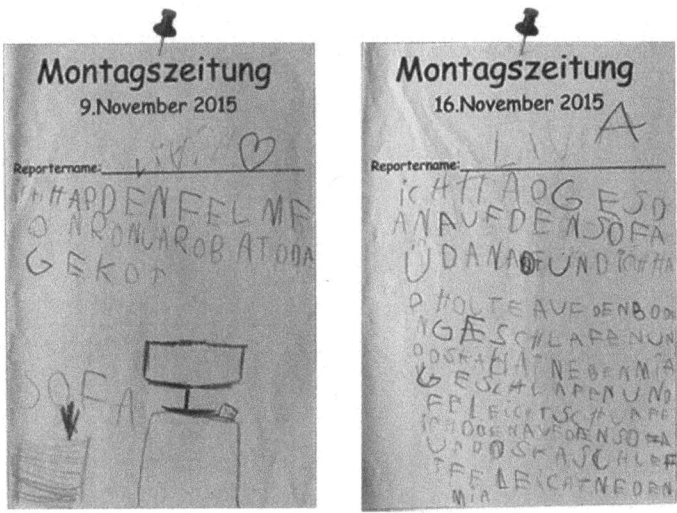

Am Anfang des ersten Schuljahres

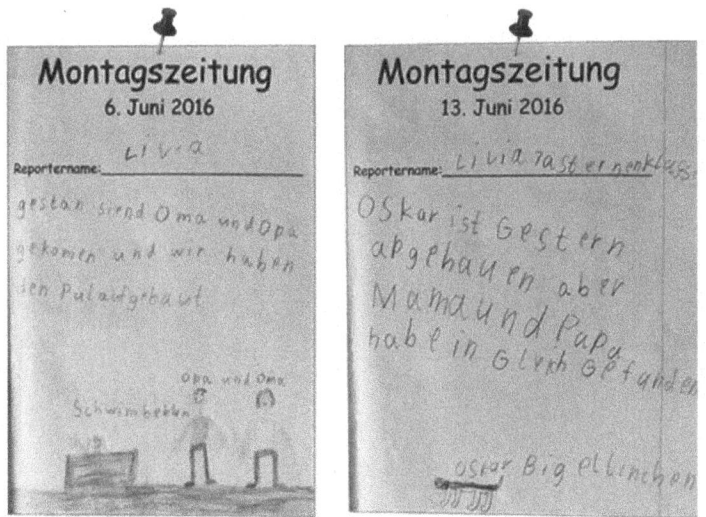

Am Ende des ersten Schuljahres

Wochenablauf in der Teamschule

Teamschule	
Montag	Montagsrunde, Montagszeitung, Wochenziel, Wochenplan
Dienstag	Angebote: Kunst, Musik, Theater
Mittwoch	Angebote: Sport
Donnerstag	Draußenlernen, Naturpädagogik, Erlebnispädagogik, Ausflüge
Freitag	Freitagsrunde, Wochenplan, Lerntagebuch, Lernlandkarte, Klassenrat

In der Teamschule startet die Woche mit der gewohnten Montagszeitung, die immer kreativer und ausführlicher wird, je älter die Kinder werden. Am Montag bekommen die Schüler ihren **individuellen Wochenplan** mit ihren Pflicht- und Wahlaufgaben. In den folgenden Tagen bearbeiten sie die Aufgaben in Eigenverantwortung in der Selbstlernzeit. Damit die Schüler die Vielzahl an Angeboten überschauen können, finden am Dienstag Angebote aus dem gestalterischen Bereich statt und am Mittwoch die Sportangebote. Am Donnerstag wird ein außerschulischer Lernort besucht. Dieser Tag wird für das Draußenlernen und die Naturpädagogik genutzt. Der Freitag beginnt mit der Freitagsrunde, um rückwirkend die Woche zu besprechen und die letzten Aufgaben zum Abschluss zu bringen. Der Wochenplan wird vervollständigt, das Wochenziel ausgewertet, das Lerntagbuch[32] ergänzt und Lernlandkarten[33] werden fortgeführt. Zum Wochenabschluss findet der **Klassenrat** statt.

Wochenplan und Wochenziel in der Teamschule

Die Arbeit mit dem Wochenplan muss geübt werden. Zu Beginn bekommen die Kinder einen **Tagesplan**, der übersichtlich ist und die Struktur für einen Schulalltag vorgibt. Im Prinzip ist es ein erweiterter Stundenplan. Der Tag beginnt mit dem Sitzkreis, danach besucht Klaus Bärbel den Buchstabenraum, dann wählt er ein Angebot aus und am Ende des Schultages findet wieder ein Sitzkreis statt. Die einzelnen Phasen sind durch Symbole dargestellt, die auf den Tagesplan aufgeklebt werden. In der Regel kann der Schüler nach wenigen Wochen selbstständig mit einem Wochenplan arbeiten.

Ein Wochenplan enthält individuelle Aufgaben zum Lesen, Schreiben und Rechnen, die von den Fachlehrern eingetragen werden. Die Pflichtaufgaben sind mehr eine Empfehlung und werden nicht erzwungen. Jeder Schüler arbeitet im Lese-, Schreib- und Rechenlehrgang eigenständig in seinen Arbeitsheften. Es gibt Hefte für jeden Lernstand und für alle Besonderheiten, damit jeder in seinem Tempo arbeiten kann. Die Klassenlehrkraft steuert die Wochenplanung, sodass die Aufgaben gleichmäßig verteilt sind.

---

32 In einem Ordner werden persönliche Texte und Bilder gesammelt. Wochenpläne, Lernlandkarten und Merksätze sind ebenfalls enthalten. Das Lerntagebuch ist ein erweitertes Portfolio.

33 Eine Lernlandkarte strukturiert die zu erreichenden Kompetenzen eines Themas. Die Schüler markieren ihren individuellen Lernstand und nehmen die folgenden Lernziele wahr.

Neben den Pflichtaufgaben gibt es auch Wahlaufgaben. Die Schüler entscheiden sich, an welchen zusätzlichen Angeboten sie teilnehmen möchten, und tragen sie eigenständig in den Wochenplan ein.

Die Schüler dokumentieren ihren Schulalltag. Die Wochenpläne werden chronologisch im Lerntagebuch aufbewahrt. Die Arbeitsweise und die Struktur des Wochenplans sollten Thema des Klassenrates sein und immer wieder zur Diskussion stehen. Die Schüler brauchen ein Mitbestimmungsrecht, damit der Wochenplan auch ihren Wünschen entspricht. Im **Klassenrat** werden Vorschläge für **Wochenziele** erarbeitet. Die Kinder können sich ein Ziel auswählen, es am Montag in den Plan eintragen und am Freitag wird es ausgewertet. Manchmal gibt es auch Ziele für die gesamte Lerngruppe. Wenn die Schülerfächer geordnet werden müssen, bekommen alle Schüler dieses Wochenziel und am Freitag können die Fächer begutachtet werden. Das Wochenziel wird im besten Fall selbst gewählt, kann aber auch vorgegeben werden.

Der Wochenplan ist eine gute Form der Dokumentation und Kommunikation zwischen den Eltern und der Schule. Die Schüler bekommen keine Hausaufgaben und über den Wochenplan erhalten die Eltern Einblick in den Schulalltag. Eltern kennen die Antwort ihrer Kinder auf die Frage »Wie war es in der Schule? Was hast du gemacht?«. Die Antwortet lautet oft: »Ich habe gespielt!« Kinder erleben viele Lernprozesse als Spiel. Leben und Lernen sollten deshalb spielerisch sein! Jedoch verstehen Eltern das nicht immer.

Tagesablauf

Ähnlich wie der Wochenablauf ist die Rhythmisierung des Tages auch an die Entwicklungsstufen der Schüler angepasst. Es gibt keine Pausenzeiten und auch keine Frühstückszeit. In der Teamschule entscheidet der Klassenrat, ob die Kinder zwischendurch essen oder ob ein gemeinsames Frühstück organisiert wird.

Tagesablauf in der Basisklasse

Basisklasse		
7:00–8:30	Offener Anfang	Freies Spiel, Betreuungszeit
9:00	Morgenkreis	Begrüßung, Tagestransparenz, Lied oder Spiel
9:30–10:30	Lernzeit I	Draußenlernen, Angebote, Betreuung, Freies Spiel
10:30–11:30	Lernzeit II	
11:30	Abschlusskreis	Tagesreflexion, Lied oder Spiel
12:00–13:00	Offenes Ende	Freies Spiel, Betreuungszeit

Viele Eltern brauchen für ihre Kinder eine Frühbetreuung. Ab 7:00 Uhr ist die **Basisklasse** für Kinder geöffnet. Sie werden betreut und es ist viel Zeit für Begegnung und freies Spiel. Der Zeitraum kann gut für Beobachtungen und Beziehungsaufbau genutzt werden. Die Lernzeit ist flexibel, sodass auch längere Ausflüge unternommen werden können.

Tagesablauf in der Teamschule

Teamschule		
7:00–8:30	Offener Anfang	Freies Spiel, Freiarbeit, Betreuungszeit
8:15–8:30	Bewegungszeit	Fitness zu lauter Musik
8:30	Morgenkreis und Planung des Tages	Lerngruppe
9:00–10:30	Selbstlernzeit	Wochenplan, Projekte, Freiarbeit
Teamschule		
10.30–11.30	Kulturtechniken	Buchstaben- oder Zahlenraum, Sprach- oder Mathelabor
11.30–12.30	Kurse, Angebote und Projekte	Wahl- und Pflichtunterricht
12.30	Abschlusskreis	Eintrag in Wochenplan/ Lerntagebuch/ Lernlandkarte
13.00	Schulschluss	

Die **Teamschule** beginnt mit einer Zeitspanne für Freies Spiel oder Freiarbeit. Wenn sich Kinder für ein Projekt begeistern, beginnen sie gleich früh am Morgen mit ihrer Arbeit. Einige nutzen auch gerne den entspannten Anfang für Gespräche mit der Lehrkraft, um den Kontakt zu pflegen und um zu erfahren, dass alles gut ist. Sie können auch an der **Bewegungszeit** teilnehmen. Einige Kinder brauchen am frühen Morgen die Möglichkeit, sich zu bewegen und laut zu sein. Es wird gesungen, getanzt, gehüpft und viel gelacht. Mit einem solchen Morgenritual sollte jeder Tag beginnen. Die Lautstärke und die Bewegungszeit kommt besonders den Kindern zugute, die in Ruhephasen durch Unruhe auffallen.

Im Schulalltag der Kulturellen Schule hat jeder Schüler zu jeder Zeit die Möglichkeit, sich zu bewegen oder der Gruppe zu entziehen. Oft entstehen Probleme durch zu viel oder zu wenig Nähe oder Distanz. Manchmal ist eine Flitzepause einfach wichtig und deshalb sollte jedem Beteiligten in der Schule immer die Chance dazu eingeräumt werden, sich eine Auszeit zu nehmen.

Im **Morgenkreis** kommt die Lerngruppe mit dem Klassenlehrer zusammen und bespricht den Tagesablauf. In der sich anschließenden **Selbstlernzeit** beschäftigen sich die Schüler mit ihrem Wochenplan. Sie können die Zeit jedoch auch zur freien Gestaltung nutzen. Die erste Lernzeit geht fließend in die zweite Lernzeit über, in der die Beschäftigung mit **Kulturtechniken** ansteht. Die Schüler entscheiden sich für Deutsch- oder Matheunterricht. Sie können an ihren Wochenaufgaben weiterarbeiten, an den Unterrichtsgesprächen teilnehmen oder sich Material nehmen. Darauf folgt die dritte Lernzeit mit dem **Wahl- und Pflichtunterricht.** Es gibt Kurse, die belegt werden müssen, aber auch Angebote, die sie nach Interesse auswählen können. Ist der Gärtner im Haus und braucht er vielleicht Unterstützung? Die Künstlerin ist einmal in der Woche im Kunstraum und inspiriert durch ihre eigenen Projekte. Der Mathelehrer bietet an, das Einmaleins zu üben. In der Bücherei muss dringend aufgeräumt werden. Das Angebot ist vielseitig.

Der Schultag endet mit der täglichen Dokumentation im Wochenplan und Lerntagebuch und klingt mit dem Abschlusskreis aus. Die Schule endet um 13:00 Uhr. Ein Arbeitstag von fünf bis sechs Zeitstunden ist ausreichend für Kinder. Kinder brauchen Familienzeit und Zeit für Freundschaften.

Tagesablauf in der Oberstufe

Oberstufe		
8:00–9:30	Offener Anfang	Freiarbeit
9:30	Mentorenrunde und Planung des Tages	Lerngruppe Lernplaner schreiben
9:45–11:15	Lernzeit I	Wahl- und Pflichtunterricht, Projekte, Angebote und Freiarbeit
Oberstufe		
11:15–12:45	Lernzeit II	Wahl- und Pflichtunterricht, Projekte, Angebote und Freiarbeit
12:45–14:00	Mittagszeit	
14:00–15:30	Lernzeit III	Wahl- und Pflichtunterricht, Projekte, Angebote und Freiarbeit
15:30	Schulschluss	

Die Schüler der **Oberstufe** können sich ab 8:00 Uhr in der Schule beschäftigen. Um 9:30 Uhr treffen sich Lerngruppe und Mentor zur Besprechung. Jeder Schüler arbeitet mit einem **Lernplaner.** Was in der Teamschule das Lerntagebuch mit Wochenplänen ist, ist in der Oberstufe der Lernplaner. Mithilfe des Lernplaners organisieren sich die Schüler und planen ihre Projekte und Unterrichtsstunden selbstständig. Es gibt Pflicht- und Wahlunterricht. Die Schüler entscheiden, ob sie am Frontalunterricht teilnehmen oder ob sie die Zeit nutzen, um an ihren Lernwegen selbstständig weiterzuarbeiten. **Lernwege** sind eine Form der Veranschaulichung von Lernzielen. Die Schüler erhalten eine Übersicht über die Aufgaben zu einer Unterrichtseinheit, die sie zur Lernzielerreichung bearbeiten müssen. Sie entscheiden selbst über den Verlauf ihrer Aufgabenbearbeitung. Es ist wichtig, dass sie in ihrem Tempo und auf ihre Art arbeiten. Der Schultag ist in drei Lernzeiten aufgeteilt und endet um 15:30 Uhr.

Lernkultur

Lernen funktioniert gut, wenn es einen Sinn macht, wenn es emotional von Bedeutung ist und wenn die Lernumgebung als harmonisch wahrgenommen wird. Individualisierte Lernformen allein sind nicht ausreichend. Das individuelle Lernen ist erst erfolgreich, wenn Schüler auch gemeinsam im Team arbeiten können.

Alle Arbeitsformen der Kulturellen Schule sind auf Persönlichkeitsentwicklung ausgelegt. Das große Ziel ist, über Verantwortungsbereitschaft zu verfügen, die über Eigennutz hinausgeht.

Das Lernen lernen

Die Teilnahme am Methodenlernen ist für alle Schüler verpflichtend. Die Schüler lernen Methoden kennen, wie sie sich Inhalte selbstständig erschließen und anderen präsentieren können. Sie lernen das Lernen. Die Arbeitsweise mit dem Wochenplan und dem Lernplaner sowie mit der Lernlandkarte und dem Lernweg sind Teil des Methodenlernens.

Lernentwicklung durch Eigenverantwortung

Die Kulturelle Schule ermöglicht den Schülern einen Abschluss entsprechend ihrer Leistungsbereitschaft und ihrer Wahl. Die Abschlussprüfung muss benotet werden, damit ein Vergleich bei der Vergabe eines Ausbildungs- oder Studienplatzes möglich ist. Die Kulturelle Schule würde gerne auf Ziffernnoten verzichten, muss aber diesen Kompromiss machen. Ziffernnoten sind weder objektiv noch zuverlässig oder informativ. Die Vergleichbarkeit durch Noten ist ein Mythos, der schon lange widerlegt wurde. Die Konsequenz einer gelebten Inklusion und eines individualisierten Unterrichts ist der Verzicht auf eine Leistungsbeurteilung. Stattdessen bietet die Kulturelle Schule die Möglichkeit einer Lerndokumentation. Sie fungiert als direkte Rückmeldung für den Schüler und ebenso für die Lehrkraft und das Elternhaus. Auch für Lernentwicklungsgespräche bietet die dokumentierte Lernentwicklung eine gute Grundlage.

Lerndokumentation

Die Lerndokumentation belegt die Lernfortschritte. Jeder Schüler dokumentiert seine erreichten Lernziele. In der Teamschule arbeiten die Schüler mit dem Lerntagebuch und in der Oberstufe mit dem Lernplaner.

Lerntagebuch der Teamschule

Das Lerntagebuch der Teamschule enthält mehrere Rubriken. Im ersten Teil befinden sich die **ICH-Seiten.** Der Schüler beschreibt sich, seine Interessen und erweitert diese regelmäßig durch freie Texte und Bilder. Die ICH-Seiten dürfen kreativ gestaltet werden und beziehen sich auf die Persönlichkeit des Schülers. Fotos aus dem Schulalltag sind immer eine gute Ergänzung. Darauf folgen die **Wochenpläne** und **Montagszeitungen.** Die **Lernlandkarten** sind ebenfalls Teil des Lerntagebuchs. Das Lerntagebuch ist zentral für die selbstständige Arbeit. Jedes Lerntagebuch verdeutlicht den Entwicklungsstand des Kindes und ist Grundlage für Elterngespräche, denn dort ist der schulische Verlauf gut dokumentiert.

Lernplaner der Oberstufe

Die Erweiterung des Lerntagebuchs ist der Lernplaner, in dem jede Lernzeit dokumentiert wird. In der Oberstufe sind alle Vorgänge digitalisiert und jeder Schüler hat einen eigenen Zugang zu einer Schul-App, wo ihm seine ausgewählten Lernwege und die dazugehörigen Pflicht- und Wahlunterrichtsstunden gezeigt werden. Angebote stehen dort ebenfalls zur Auswahl. Der Schüler stellt sich seinen Stundenplan zusammen und trägt ihn zusätzlich handschriftlich in den Lernplaner ein. Neben den Pflichtstunden eines Lernweges entscheidet er sich für Wahlkurse oder nimmt an Angeboten teil. Nach jeder Lernzeit trägt er die Lerninhalte in seinen Lernplaner ein. So behält er einen Überblick und ist vorbereitet, den Lernweg innerhalb der App zu bearbeiten.

Visualisierung des individuellen Lernstandes

Die Schüler erhalten eine Übersicht über die geplanten Lernschritte pro Unterrichtsthema. In der Teamschule wird die kindliche Variante als Lernlandkarte verwendet. In der Oberstufe arbeiten die Schüler mithilfe eines Lernwegs.

Lernlandkarte der Teamschule

Auf einer Lernlandkarte sind Lernziele der einzelnen Unterrichtsfächer wie ein Weg anschaulich dargestellt. Die Lernlandkarte ist kindlich und eine spielerische »Lehrplangestaltung« für Kinder. Ein Beispiel wären die Ziffern 1 bis 10, die durch zehn Abschnitte dargestellt sind. Haben die Kinder die erste Zahl gelernt, können sie den betreffenden Abschnitt anmalen und beginnen nun in ihrem Tempo, sich mit der nächsten Ziffer zu beschäftigen. Die Lernlandkarte veranschaulicht die einzelnen Lernschritte und gibt den Kindern Auskunft über bereits Gelerntes und noch zu Lernendes. Diese Struktur hilft Kindern, sich zurechtzufinden und Ziele zu erreichen.

Lernweg der Oberstufe

Innerhalb der Schul-App haben die Schüler eine Übersicht über die anstehenden Unterrichtsthemen pro Schulfach. Jedes Thema ist in Lernziele aufgeteilt und enthält die dazu passenden Aufgaben. Das sind die Lernwege. Der Pflicht- und Wahlunterricht ist ebenfalls Teil des Lernweges. Wenn die Lernziele erreicht wurden, meldet sich der Schüler beim Fachlehrer zur Überprüfung an. Er muss sich entscheiden, ob er ein Gespräch mit dem Lehrer wählt, an einer digitalen Überprüfung teilnimmt oder eine Präsentation erarbeitet.

Portfolioarbeit

In der Teamschule ist die Portfolioarbeit in drei Schritte unterteilt. Zunächst sammeln die Schüler Arbeitsergebnisse, die ihnen wichtig sind, in einem Karton. Innerhalb von Portfoliostunden werden die gesammelten Arbeitsblätter gesichtet und eine kleine Auswahl wird in einen weiteren Karton, die Schatzkiste, gelegt. Die bedeutsamsten Ergebnisse werden in das Lerntagebuch geheftet und mit einer schriftlichen Begründung ergänzt, warum sie für den Schüler wichtig sind. Die Schüler beschreiben den Arbeitsvorgang und beurteilen das Ergebnis nach ihren eigenen Kriterien. Am Ende des Schuljahres stellen sie ein Portfolio dar, das ihre Lernerfolge kreativ darstellt. In der Oberstufe kann das Portfolio eine gefüllte Sammelmappe oder auch digital verfasst sein.

Wie wäre es, wenn sich ein Schüler für ein Praktikum oder einen Ausbildungsplatz mit einem Portfolio bewerben könnte, um zu belegen, dass er sich schon länger darauf vorbereitet?

Projektorientierte Arbeitsweisen

Ein Schüler entscheidet sich aus eigenem Antrieb für ein Thema, erarbeitet es eigenverantwortlich und präsentiert es auf eine kreative Art. Freiarbeit erfordert Selbstdisziplin, die selbst Erwachsene nur selten beherrschen.

Angebote sind Ideen

In den Fachräumen finden Angebote statt, die neugierig machen sollen. Besonders die gestalterischen, kulturellen Fächer bieten sich für Projekte an. Das Theaterspielen, das Erlernen eines Instruments oder die Bildhauerei sollten niemals zur Pflicht werden. Hier geht es um den freien Ausdruck, der niemals gelenkt sein kann, sondern immer frei bleiben muss.

Theaterspielen fordert Schüler auf, sich in anderen Rollen auszuprobieren. Selbstwahrnehmung und Selbstbewusstsein werden gefördert und führen zu einer erhöhten Achtsamkeit. Improvisationstheater erfordert Spontaneität und Kreativität. Fehler machen zu dürfen und Kritik lösungsorientiert zu formulieren und anzunehmen ist Inhalt des Rollenspiels. Theaterspielen ist Persönlichkeitsentwicklung. Ist das Leben nicht auch ein Theaterspiel?

Musik berührt und bringt Emotionen hervor. Ein Instrument zu spielen bedeutet, ganz bei sich zu sein. In einem Chor zu singen setzt voraus, anderen zuzuhören und sich einzufügen. Musik ist facettenreich und wirkt sich ganzheitlich aus. Interessant ist, dass musizierende Kinder erfolgreicher in der Schule sind. Wer gut in Musik ist, ist meist auch gut in Mathe.

Jahresarbeit

Mit ungefähr 14 Jahren beschäftigen sich die Schüler der Oberstufe intensiv mit einem Projekt ihrer Wahl und arbeiten es ein Jahr lang aus. Die Auseinandersetzung erfolgt dabei auf theoretischer, praktischer und künstlerischer Ebene. Sie wählen das Thema und die Herangehensweise und organisieren sich selbst. Ein Mentor begleitet sie während des gesamten Prozesses und nach einem Jahr stellen die Schüler ihr Projekt vor. Sie präsentieren die Planung, die Durchführung und das Ergebnis. Die Präsentation besteht aus einer schriftlichen Arbeit, einem Vortrag und vielleicht auch einem Werkstück.

Herausforderung

Die Kulturelle Schule bietet den Oberstufenschülern das Projekt Herausforderung an. Mit ungefähr 16 Jahren entscheiden sich die Schüler für ihre persönliche Herausforderung und stellen sich einer sportlichen, kulturellen oder sozialen Aufgabe. Ein Schüler kann sich allein oder mit einer Gruppe dieser Aufgabe widmen. Das Projekt darf nicht am Wohnort stattfinden und das Budget ist begrenzt. Vielleicht entscheiden sich Schüler, einen Pilgerpfad über 150 Kilometer zu gehen. Vielleicht möchte ein Schüler in einem Hospiz arbeiten. Weitere Ideen wären eine Kanutour, Überleben in der Wildnis, einen Holzbackofen zu bauen oder als Straßenmusiker unterwegs zu sein.

Die Schüler verlassen das gewohnte Lebensumfeld und lassen sich auf ein Abenteuer ein. Sie sind auf sich selbst angewiesen und müssen Lösungen finden. Dafür brauchen sie Durchhaltevermögen und Selbstvertrauen. Die Schüler organisieren in Eigenverantwortung und müssen sich der Konsequenzen ihres Handelns bewusst sein. Sie erweitern ihre Frustrationstoleranz, wenn sie mit Problemen konfrontiert werden, und entwickeln so Empathie für sich und andere. Ein Mentor begleitet das Projekt, sodass die Einhaltung der Fürsorge- und Aufsichtspflicht weiterhin gegeben ist. Die Begleiter sollten pädagogisch ausgebildet sein.

Demokratische Räte

Schüler treffen sich in demokratischen Räten, um ihr Miteinander gemeinsam auszugestalten. Wenn sich Schüler ernst genommen fühlen, weil ihre Bedürfnisse berücksichtigt werden, dann sind sie auch bereit, Regeln zu akzeptieren. Es gibt ein Vetorecht und die Schüler können die Regeln auch abändern. Es ist immer ein guter Einstieg, mit den Schülern die Schulregeln zu hinterfragen.

Für eine Lerngruppe findet der **Klassenrat** wöchentlich statt. Schüler und Lehrer sprechen über Themen, die sie im Vorfeld gesammelt und angekündigt haben. Gemeinsam wird diskutiert, beraten und entschieden. Der Klassenrat ermöglicht die Beteiligung aller Schüler und ist eine verpflichtende Veranstaltung. Die Gestaltung des Schulalltages, die Organisation einzelner Projekte, das Zusammenleben in der Klasse und in der Schule, gemeinsame Planungen und aktuelle Konflikte werden besprochen. Der Klassenrat wird von den Schülern organisiert. Die Vergabe von festen Rollen mit klaren Rechten und Pflichten ist der erste Beitrag zur Mitbestimmung. Der *Kreischef* übernimmt die Gesprächsführung. Der *Protokollant* trägt die Ergebnisse in das Klassenratsbuch ein. Der *Ruhechef* sorgt für die Einhaltung der Gesprächsregeln und der *Zeitwächter* achtet auf die Uhrzeit und Redebeiträge. Die Schüler können sich auf die Inhalte konzentrieren, wenn der Ablauf strukturiert und für alle transparent ist.

Jeder Klassenrat benennt zwei Schüler als *Klassensprecher*, die ihre Belange im **Schülerrat** vertreten. Der Schülerrat der Teamschule tagt alle vier Wochen oder nach Bedarf auch mit der Schulleitung. Der Schülerrat der Oberstufe arbeitet selbstständiger und tagt unter sich. Zwei Schülervertreter sind Teilnehmer der **Lenkungsrunde** der Schulleitung. So vertreten sie die Schülerinteressen und können aus ihrer Sicht Einfluss auf die Schulgestaltung nehmen. Die **Schulversammlung** findet nach Bedarf statt. Zu besonderen Angelegenheiten trifft sich die ganze Schule im Auditorium.

Bilingualer Unterricht

In der Kulturellen Schule sprechen einige Lehrer ausschließlich Englisch. Umgangsformen und Arbeitsaufträge prägen sich ein und ermöglichen den Schülern, schneller einen natürlichen Zugang zur englischen Sprache zu bekommen. Englisch sollte mehr als nur ein Unterrichtsfach sein. Es kann in den Schulalltag integriert werden, um auch weniger sprachbegabten Kindern einen Zugang zur englischen Sprache zu ermöglichen.

4|
Schulorganisation

Eine Schule braucht eine Struktur für verbindliche Zusammenarbeit. In einem **Kommunikationskonzept** ist der Ablauf festgelegt. Pädagogische Besprechungen ergänzen die folgenden Besprechungsformate.

Kommunikationskonzept

Dienstversammlung

erster Montag im Monat, 16.00 bis 17.30 Uhr
- Themen an Pinnwand ankündigen
- Ablauf:
  1. Verschiedenes (30min)
  2. Informationen der Schulleitung (15min)
  3. Themen (45min)
- Teilnehmer: Schulleitung, Stufenleiter, Kollegium, pädagogische Mitarbeiter

Infopause

morgens schriftliche Ankündigung
- kurze Absprache zum aktuellen Thema
- Teilnehmer: Schulleitung und Kollegium
- Aufsicht durch pädagogische Mitarbeiter

Lenkungsrunde

Freitag, 11.30 bis 12.30 Uhr
- Absprachen zum Geschäftsverteilungsplan
- Teilnehmer: Schulleitung, Stufenleiter, eine pädagogische Mitarbeiterin, eine Verwaltungskraft, zwei Elternvertreter, zwei Schülersprecher

Fallmanagement

Montag, 14.00 bis 16.00 Uhr
- Absprachen zu besonderen Kindern
- Teilnehmer: Stufenleiter, Lehrkraft, Förderschullehrkraft, Schulbegleitung, pädagogische Mitarbeiter

Teamarbeit

Die Gesamtverantwortung für die Vorgänge in der Schule trägt die Schulleitung. Die Aufgaben der Schulleitung beinhalten die

Organisation des Schuljahres, die Qualitätssicherung der pädagogischen Arbeit, Öffentlichkeitsarbeit und die Administration.
Teamarbeit entsteht erst, wenn verschiedene Leitungsaufgaben
von Kollegen übernommen werden. Jede Lehrkraft ist aufgefordert, sich an der Schulorganisation und Schulentwicklung zu
beteiligen. Die Entscheidungsbefugnis liegt grundsätzlich in den
Händen der Schulleitung.

Lenkungsrunde

Am Freitag trifft sich die Lenkungsrunde, um die vergangene
Woche zu besprechen und einen Aufgabenverteilungsplan für die
nächste Woche zu erstellen. Sinnvoll ist die Teilnahme der Schulleitung, der Stufenleiter, eines pädagogischen Mitarbeiters, einer
Verwaltungskraft und je zwei Personen des Schüler- und Schul-
elternrats. Die Lenkungsrunde beginnt mit einem allgemeinen
Teil und endet mit einem organisatorischen Teil, der nicht unbedingt alle Teilnehmer betrifft. Die Lenkungsrunde versteht sich
als multiprofessionelles Team, so werden Vorgänge aus unterschiedlichen Blickwinkeln betrachtet.

Schulentwicklung

Die Konzeptarbeit einer Schule ist nie abgeschlossen. Jedes Jahr
kommen neue Schüler und Kollegen dazu und wiederum andere
verlassen die Schule. Die stetige Veränderung ist eine Herausforderung zur Anpassung um einen Schritt weiterzugehen und

um etwas Neues zu etablieren. Jedes neue Projekt birgt Herausforderungen. Schulentwicklung verlangt Mut und Veränderungsbereitschaft vom ganzen Team. Durch gegenseitige Inspiration kann es gelingen. Begeisterung ist Voraussetzung für Arbeitsprozesse. Für Schüler und für Lehrer. Im besten Fall nimmt das Kollegium regelmäßig an Supervisionen teil und arbeitet an seiner Teamstruktur. Wenn das Team gut zusammenarbeitet, dann ist die Schulentwicklung ein fließender Vorgang.

5|
Schulgründung

Die freien Schulen sind seit Jahrzehnten die Vorreiter für pädagogische Innovationen. Die Regelschulen sind in ihrem System verhärtet und für Veränderungen ist meist wenig Spielraum – und somit vergehen manchmal Jahre bis zu einer Neuordnung. In der staatlichen Schule führen Beamte Verwaltungsakte durch, indem sie Unterricht an Lernzielen ausrichten und Noten vergeben. Auf der einen Seite entsteht eine hohe Rechtssicherheit für alle Beteiligten, aber es bleibt wenig Freiraum für Veränderungen. Vergleicht man Erlasse, wie zum Beispiel den *Grundsatzerlass zur Arbeit in der Grundschule*[34] aus Niedersachsen, mit Konzepten der freien Schulen, sind Gemeinsamkeiten zu erkennen. Individualisierung, kooperative Arbeitsformen und Mitbestimmung sind Grundzüge der freien Schule, aber auch der Regelschule. Offen bleibt immer, ob sie umgesetzt werden.

In der Regelschule wachsen die Klassenstärken immer weiter an, die Auffälligkeiten der Schüler nehmen zu und gleichzeitig auch der Lehrermangel, der durch den Einsatz von Quereinsteigern ausgeglichen werden soll. Die Situation spitzt sich zu und sollte dringend entlastet werden. In manchen Schulen kann der Pflichtunterricht nicht mehr garantiert werden, Therapeuten haben keine Kapazitäten frei und immer mehr Lehrer erkranken.

---

34 Erlass zur Arbeit in der Grundschule. RdErl d. MK vom 01.08.2020, Niedersächsisches Kultusministerium.

Die Coronakrise hat alle Probleme noch verstärkt. Die Schulsituation ist sowohl für Schüler, Eltern und Lehrer als auch für die Behörde unerträglich geworden. Eine neue Schule würde die Regelschule vor Ort durch die Aufnahme von Schülern entlasten. Die Klassenstärken würden abnehmen. Jedoch hängt das Budget der Schule und auch die vom Ministerium zugewiesene Anzahl an Lehrerstunden von der Schülerzahl ab.

Die Konzepte der freien Schulen bieten grundsätzlich mehr Freiraum und Entscheidungsspielraum an, sodass die auffälligen Kinder der Regelschule dort besser aufgehoben sind. Viele sogenannte Schulversager bekommen an den alternativen Schulen eine Chance und fallen dort nicht mehr durch Störungen des Schulalltages auf. Sie bekommen dort die Möglichkeit, sich frei zu bewegen, frei von Bewertung zu sein, und entwickeln schließlich wieder Lernfreude.

Die Konzepte der alternativen Schulen entwickeln das Konzept der Regelschule weiter. Früher waren die Montessori- und Waldorfschulen innovativ. Jedoch waren die Methoden den meisten Regelschullehrern vollkommen fremd. Heute ist das Montessori Material in jeder Grundschule zu finden, Individualisierung ist verpflichtend und die Kleingruppenarbeit ist ebenfalls in den Regelschulen angekommen. Heutzutage sind die *Freien Aktiven Schulen* nach Rebeca und Mauricio Wild und *Natur-* und *Draußenschulen* innovativ. Nüchtern betrachtet werden gerade jetzt freie Schulen mit zukunftsweisenden Konzepten gebraucht und es besteht sogar eine Notwendigkeit, genau jetzt Schulen für die besonderen Schüler zu gründen.

Genehmigungsverfahren

Eine Schulgründung ist ein Prozess, der sich über Jahre hinziehen kann. Geduld, Geld und geniale Ideen werden gebraucht. Die Genehmigung einer privaten Schule ist im Artikel 7 des Grundgesetzes geregelt. Danach gibt es grundsätzlich ein Recht, eine private Schule zu gründen.[35]

Gleichwertigkeit

Die Schüler müssen am Ende der Schulzeit über die gleichen Kompetenzen verfügen wie die Schüler einer Regelschule. Die Methode zur Lernzielerreichung unterliegt der freien Gestaltung. Es liegt demzufolge eine Gleichwertigkeit, aber keine Gleichartigkeit vor. Die Schüler müssen nach dem Besuch einer alternativen Schule direkt den Anschluss an eine andere Schule oder Studium oder Ausbildung bekommen können. Im pädagogischen Konzept muss die Schulgründungsinitiative nachvollziehbar begründen, wie die Schüler die vorgegebenen Kompetenzen erreichen sollen. Die Behörde möchte überzeugt werden, dass die Schüler erfolgreich lernen können.

Wie funktionieren eigentlich die Konzepte der staatlichen Schulen? Ist die Behörde davon auch überzeugt? PISA gibt Antworten.

---

35 Vgl. Artikel 7 Absatz 4 und 5 GG

Sonderungsverbot

Eine private Schule muss von allen Schülern besucht werden können. Die wirtschaftlichen Verhältnisse der Eltern dürfen nicht als Kriterium für oder gegen einen Schulbesuch herangezogen werden. Das Schulgeld[36] muss angemessen sein.

Das besondere pädagogische Interesse

Wenn die alternative Schule mit ihrem Konzept die staatliche Grundschule weiterentwickelt, dann besteht ein besonderes pädagogisches Interesse. Gleichzeitig setzt die Schule damit einen Akzent. Diese Besonderheit wird in der näheren Umgebung nur von dieser Schule angeboten. Ein besonderes pädagogisches Interesse besteht auch, wenn die Betreuung für besondere Schüler angeboten wird. Die Regelschule macht Wandertage, hat vielleicht ein grünes Klassenzimmer und baut Gemüse an. Die alternative Schule erweitert dieses Naturkonzept, indem sie Naturpädagogik in Kombination mit Wildnispädagogik und die grundsätzliche Möglichkeit zum Draußenlernen anbietet. Damit liegt ein besonderes pädagogisches Interesse vor. Gleichzeitig bietet der Freiraum und die Möglichkeit für freie Bewegungszeiten eine gute Alternative für Schüler mit ADHS, sodass auch hier mit einem besonderen Interesse argumentiert werden kann.

Die Schulgründungsinitiative muss die Konzepte der Regelschulen vor Ort kennen und einwandfrei darlegen, warum ein besonde-

---

36 In jedem Bundesland ist das Erheben von Schulgeld anders geregelt.

res pädagogisches Interesse besteht. Pädagogische Professionalität ist Voraussetzung für die Genehmigung. Die Behördenmitarbeiter sind in der Regel sehr hilfsbereit und beantworten gerne Fragen. Es ist zu empfehlen, die Behörde schon früh miteinzubeziehen. Eine Zusammenarbeit ist die Basis für die Genehmigung, aber auch für den Schulbetrieb. Die Schulgründungsinitiative und die Behörde verfolgen das gleiche Ziel, nämliche eine qualitativ hochwertige Schulausbildung.

Schulgründungsprozess

Um ein Kind zu erziehen, braucht es ein ganzes Dorf. Ähnlich ist es bei der Schulgründung. Es werden viele unterschiedliche Professionen gebraucht, um alle Parameter zu bedienen. Es muss ein gemeinnütziger Schulträger gegründet werden und ein Finanzplan vorliegen. Das Gebäude muss vielen Ansprüchen gerecht werden. Wie sieht es mit dem Brandschutz und der Barrierefreiheit aus? Lehrer müssen angestellt werden und brauchen einen Vertrag. Ein Team muss sich entwickeln und braucht dafür Fortbildungen. Eine Neugründung muss in der Regel über drei Jahre selbst finanziert werden, sodass ein Kredit aufgenommen werden muss. Erst nach den drei Jahren bezahlt das Land die Lehrer und einen Betrag pro Schüler.[37] Das ist eine lange Zeit, die überbrückt werden muss. Nach der Genehmigung befindet sich das Schulteam täglich im Austausch über die Schüler und die Anpassung des

---

37 In jedem Bundesland gibt es andere Finanzierungsmodelle.

Konzeptes. Es sollte allen Beteiligten klar sein, dass die Schule zum Lebensprojekt der Schulgründer wird.

Eine Schulgründung ist eine Berufung. Eine freie Schule kann ein besonderer Ort für Schüler und Lehrer sein. Ein Ort, der schon jetzt die Zukunft gestaltet. Deshalb lohnt es sich, sich trotz aller Hindernisse dem Prozess zu stellen und eine Schule zu gründen. Am besten schon heute anfangen! Für die Kinder in einer Welt der Zukunft!

6|

Schlusswort

Deutschland ist das Land der Dichter und Denker. Heute wird weniger gedacht, dafür mehr gedichtet. Im Jahr 2000 erfuhren die Deutschen, dass das Leistungsniveau unserer 15-Jährigen im Vergleich mit 31 Ländern unter dem Durchschnitt liegt. Schüler mit einem sozial schwachen Hintergrund schnitten schlechter ab. Somit war keine Chancengleichheit gegeben. Das Recht auf Bildung war ungleichmäßig verteilt. Der PISA-Schock verunsicherte Eltern, Lehrer, Politiker und die Wirtschaft und machte den Weg frei für Reformen.[38] Deutschlands Kinder sollten ab jetzt die Chance auf eine frühere Förderung bekommen. Die damalige Bundesministerin für Bildung und Forschung, Edelgard Bulmahn, merkte im Jahr 2002 an: »Eines steht fest: Das Fundament für erfolgreiches Lernen wird in der frühen Kindheit gelegt. Deshalb müssen wir unsere Anstrengungen auf die frühkindliche Bildung konzentrieren«.[39]

Bis 2022 stieg der Anteil an unter Dreijährigen, die eine Kindertagesstätte besuchten, signifikant an. 2006 waren es 254.000 Kin-

---

38 Vgl. Deutschlands PISA-Schock – OECD. https://www.oecd.org/ueber-uns/ erfolge/deutschlands-pisa-schock.htm (abgerufen am 27.03.2023)

39 Vgl. Die Bundesregierung. Rede der Bundesministerin für Bildung und Forschung, Edelgard Bulmahn. https://www.bundesregierung.de/breg-de/service/ bulletin/rede-der-bundesministerin-fuer-bildung-und-forschung-edelgard-bulmahn--783546 (abgerufen am 27.03.2023)

der und 2022 sind es bereits 706.000.[40] Der PISA-Schock erhöhte den Druck auf die Eltern, ihren Kindern die beste Bildung zu ermöglichen und ihnen deshalb schon so früh wie möglich Förderung zukommen zu lassen. Im Jahr 2022 wurden 91,7 Prozent der drei- bis sechsjährigen Kinder in einer Kita betreut. Der Anteil an Kindern, die kindergartenfrei aufwachsen, ist somit sehr gering. Laut dem Statistischen Bundesamt liegt die Betreuungsquote der Kinder unter drei Jahren bei 35,5 Prozent. In Ostdeutschland wird mehr als die Hälfte der unter Dreijährigen außerhalb der Familie betreut. In Westdeutschland liegt der Anteil bei knapp unter einem Drittel.[41]

In den Schulen wurden verschiedene Reformen als Folge von PISA in Angriff genommen. Zunächst konnten die Schulen Sprachförderstunden beantragen, um den Kindern mit Migrationshintergrund eine zusätzliche Unterstützung zu bieten. Insgesamt wurde versucht, den sprachauffälligen Kindern mehr Förderung zukommen zu lassen. So wollte man die Chancengleichheit herstellen. Die Kultusminister der Länder einigten sich auf bundesweite Bildungsstandards, die ersten wurden 2004 veröffentlicht. Die reine Wissensvermittlung wurde durch Kompetenzorientierung ersetzt. Kompetenzen sind eine Kombination von Fähigkeiten, Fertigkeiten und Kenntnissen, die möglichst aus eigenem Antrieb angewendet werden. Nicht das Fachwissen steht im Vordergrund, sondern die Umsetzung des Gelernten. Man unter-

40 Vgl. Kindertagesbetreuung in Deutschland: Statistisches Bundesamt Deutschland – GENESIS-Online: Ergebnis 22541-0001. https://www.destatis.de/DE/Presse/Pressemitteilungen/2022/10/PD22_451_225.html (abgerufen am 27.03.2023)

41 Ebenda

scheidet in sozialen, emotionalen, methodischen und kognitiven Kompetenzen, die in Kombination weiterentwickelt werden.

Kompetenzorientierung verlangt nach einem individualisierten Unterricht. Die Berücksichtigung der persönlichen Lernvoraussetzungen ist die Grundlage, um vorhandene Kompetenzen weiterzuentwickeln. Das Ziel ist, dass der Schüler in Zukunft die erlernten Kompetenzen anwendet. Die direkte Überprüfbarkeit des Gelernten ist nicht mehr entscheidend, sondern die individuelle Lernentwicklung. Was sind Kompetenzen wert, wenn sie am Ende bewertet werden? Sprechen wir dann von einer Charakterbewertung?

Ich denke, dass auch 2023 noch nicht alle Lehrer wissen, dass Kompetenzen und Fachwissen nicht gleichgesetzt werden können. Der Unterricht in den Schulen ist zum größten Teil weder kompetenzorientiert noch individualisiert. Übrig bleibt ein Katalog an Kompetenzen pro Unterrichtsfach, der die Lehrer überfordert, weil er viel umfangreicher ist als die gewohnten Lernziele. Sie hängen immer noch fest an ihrem System vom *Lehren*, anstatt endlich *Lernen* zu ermöglichen. Die Kultusminister überprüfen innerhalb der Bundesländer die Standards regelmäßig in Vergleichsarbeiten. Der Druck auf die Schulen wurde erhöht. Es scheint so, als würde man etwas erzwingen wollen. Aber warum kommt nichts dabei heraus? Ist die Methode vielleicht zu einfach? Liegt es vielleicht daran, dass die Voraussetzungen nicht geschaffen wurden?

Das Ganztagsangebot wurde an den allgemeinbildenden Schulen ausgebaut. Die Mehrzahl der Offenen Ganztagsschulen trennt den Vor- und Nachmittag. Morgens unterrichten Lehrer, am Nachmittag betreut ungelerntes Personal. Nur wenige Schulen bieten einen Ganztag an, der pädagogisch wertvoll ist. Konsequent wäre die Einführung der gebundenen Ganztagsschule gewesen. Der ganze Schultag wäre rhythmisiert und die Lehrer wären auch am Nachmittag für die Schüler da. Insgesamt wurden lediglich die Betreuungszeiten in der Schule ausgebaut: Frühbetreuung vor dem Unterricht, den Ganztag danach und zum Abschluss der Hort. Die Erhöhung der Chancengleichheit wurde nur in Ansätzen erzielt. Letztendlich ist der Ganztag oft nicht mehr als eine Hausaufgabenhilfe und Spielzeit in der Schule.

Hervorgerufen durch den PISA-Schock haben die meisten Bundesländer das dreigliedrige Schulsystem in ein zweigliedriges umstrukturiert. Das Gymnasium blieb bestehen und die anderen Schularten wurden zusammengefasst. So entstanden Gemeinschaftsschulen, Oberschulen, Sekundarschulen, Stadtteilschulen usw., die mehrere Bildungsabschlüsse ermöglichen. Das Zentralabitur wurde in allen Bundesländern eingeführt und dient seitdem der Vergleichbarkeit. Auf dem Gymnasium wurde die Schulzeit um ein Jahr verkürzt. Teilweise wurde diese Reform jedoch wieder rückgängig gemacht, weil der Druck auf die Schüler durch die verkürzte Zeit doch zu hoch war.

Alle Schulreformen sollten auf das Wohl der Kinder ausgerichtet sein. Hat sich die Situation für unsere Kinder seit dem PISA-Schock verbessert? Ganz im Gegenteil.

Klaus Bärbel ist mit einem Jahr in die Krippe gekommen und wird seitdem betreut. Er hat vielleicht eine Diagnose oder auch nicht und in der Grundschule wurden ihm viele *Kompetenzen* im Frontalunterricht vorgetragen. Nun besucht er das zweite Mal die 6. Klasse des Gymnasiums. Diesmal werden es noch mehr Fünfer auf dem Zeugnis. Immerhin hat er es versucht, sagt seine Mutter.

Nun muss er doch auf die Oberschule[42]. Dabei ist er gar nicht so dumm. Er hat doch nur LRS, ADHS oder keine Lust auf Schule.

Viele Schüler wissen schon zur Einschulung, dass sie das Gymnasium besuchen werden. Sie sollen es einmal besser haben. Die Eltern üben Druck auf ihre Kinder aus, weil sie alles außerhalb des Gymnasiums ablehnen. Das Besserhaben fängt nicht immer unbedingt gleich an. Manche Kinder werden von ihren Eltern regelrecht gePISAckt[43]. (Das Wort gab es übrigens schon in der Zeit vor PISA.) Die Vielfalt an Schulsystemen ist den meisten Eltern unbekannt. Es gibt immer noch zu wenig Gesamtschulen und alternative Schulen, besonders in ländlichen Gegenden. Nicht jeder Schüler ist auf dem Gymnasium gut aufgehoben. Viele Schüler müssen einen Misserfolg nach dem anderen erleben, um dann schließlich die Schule zu wechseln. Nach jahrelangem Leistungsdruck sind die Jugendlichen schulmüde. Gestalten sie dann noch ihre Zukunft mit Lernfreude und Neugierde gemäß erwünschter zukünftiger PISA-Aussichten?

Es gibt immer mehr Studierende und Schulabbrecher. Gewinner und Verlierer. Sind wir Menschen nicht mehr? Gibt es nur zwei Gruppen? Individualisierung sollte sich auf die Schullandschaft auswirken. So vielfältig, wie die Menschen sind, sollten auch die Schulen sein. Es ist falsch, Schüler in zwei Kategorien aufzuteilen: *Du kannst es schaffen. – Du schaffst es nicht.* Gilt Inklusion nur für behinderte Menschen und nicht für alle? Keine Selektion mehr,

---

42 Die Oberschule ersetzt in Niedersachsen die Haupt- und Realschule und manche meinen, sie würde auch die Förderschule ersetzen.
Die Gesamtschule ist ein Begriff für eine Schule, in der die Schüler den Haupt-, Real- oder Gymnasialabschluss erreichen können

43 Es heißt eigentlich *piesacken*, aber so passt es hier besser.

sondern eine Schule, die allen Kindern offensteht. Das ist Inklusion. Nicht Kinder werden inkludiert, sondern alle Formen des Menschseins.

Die Anzahl der allgemeinbildenden Schulen nimmt immer mehr ab, weil die kleinen Schulen zugunsten der großen Schulzentren geschlossen werden. Grundschulen mit 400 Kindern sind keine Seltenheit. Meiner Meinung nach sollte eine Schule nur so groß sein, dass der Schulleiter, oder in größeren Systemen der Stufenleiter, noch alle Schüler kennt. Demnach sollte eine Schule höchstens 300 Kinder aufnehmen. Stufenleiter, Lehrer und Schüler kennen dann alle Gesichter und können viele mit dem Namen ansprechen. Weniger Anonymität, mehr Individualität. Je kleiner die Schule, desto persönlicher kann auf jeden Menschen eingegangen werden.

Als ich 1997 mein Studium antrat, war ich mir sicher, eine Lehrerstelle zu bekommen, weil ein Lehrermangel vorausgesagt wurde. Seit 25 Jahren spricht Deutschland von einem katastrophalen Lehrermangel. Die Prognose für die nächsten 20 Jahre sieht schlecht aus. Der Lehrermangel wird sich zuspitzen. Man spricht von einer historischen Herausforderung. Die Kultusministerkonferenz (KMK) hat im Februar 2023 Empfehlungen dazu herausgebracht. Die Experten wollen den Renteneintritt verschieben, Teilzeit begrenzen, eine Verpflichtung zur Mehrarbeit einführen und dadurch Beschäftigungsreserven erschließen. Quereinsteiger sollen vermehrt eingestellt werden. Der Hybridunterricht und die Selbstlernzeiten der Schüler sollen ausgeweitet werden und die Klassenstärken werden erhöht. Es werden Maßnahmen zur

Gesundheitsförderung der Lehrkräfte ergriffen, Supervision und Fortbildungen angeboten.[44]

Lehrer werden nach wie vor nach einem Stundendeputat bezahlt. In der Grundschule liegt eine volle Stelle bei durchschnittlich 28 und am Gymnasium bei 24 Unterrichtsstunden.[45] Zu den Unterrichtsstunden muss die Vor- und Nachbereitung, Leistungsbeurteilung, Elternarbeit und Schulentwicklung addiert werden. Einen Lehrer nach Unterrichtsstunden einzustellen ist meiner Meinung nach falsch. Sinnvoll wäre die Einstellung nach einer 40-Stunden-Woche bei Vollzeit. Alle Aufgaben und der größte Teil der Pflichten werden in dieser Zeit abgearbeitet. Im Team müssten Absprachen getroffen werden, welche Aufgaben wie viel Zeit beanspruchen. Vermutlich würde sich diese Art der Schulgestaltung positiv auf die Lehrer- und Schülergesundheit auswirken, denn ein Lehrer würde nur noch in der Schule arbeiten und nicht mehr zu Hause. Nach diesem Modell könnten die Lehrer den Einsatz der pädagogischen Mitarbeiter begleiten. Die Lehrer bereiten Lernsettings vor und leiten pädagogische Mitarbeiter an, um wiederum die Schüler zu begleiten. Pädagogische Mitarbeiter könnten für bestimmte Bereiche qualifiziert werden. Die Ausbildung zu einem Natur- oder Wildnispädagogen wäre für den Einsatz in den unteren Jahrgängen geeignet. IT-Kenntnisse wären sinnvoll, um Schüler bei der Arbeit an Tablets zu unterstützen. Es gibt Ergotherapeuten, die sehr gerne in einer Schule arbeiten würden.

---

44 Vgl. Kultusministerkonferenz: Empfehlungen zum Umgang mit dem akuten Lehrkräftemangel (kmk.org). https://www.kmk.org/fileadmin/Dateien/pdf/KMK/SWK/2023/SWK-2023-Stellungnahme_Lehrkraeftemangel.pdf (abgerufen am 31.03.2023)

45 Jede Unterrichtsstunde wird mit 45 Minuten berechnet.

Bedingungen wären ein angemessenes Gehalt und der Freiraum, um sinnvoll tätig sein zu können. Die Schulen sollten mehr Entscheidungsfreiräume für die Einstellung von Mitarbeitern bekommen und einen größeren finanziellen Rahmen.

In der weiterführenden Schule kann der Mangel an Fachunterricht durch Kooperationen mit anderen Schulen und dem Einsatz von Hybridunterricht aufgefangen werden. Ein Lehrer kann etwas vortragen und per Videokonferenz an andere Schulen weitergeben. Vielleicht zeichnet man den Vortrag auch auf. Pädagogische Mitarbeiter unterstützen den Schüler, die Inhalte des Vortrags einzuordnen. Digitalisierter Unterricht sollte immer in Kombination mit echten Kontakten stehen, weil die emotionale und soziale Komponente zu einem nachhaltigen Lernprozess beiträgt.

Die Situation in den Schulen ist nicht allein durch eine finanzielle Notlage entstanden, sondern durch schlechte Führung. Die Schulleitungen haben keine Befugnisse, auf Lehrer einzuwirken, und sind angehalten, schlechten Unterricht auszugleichen. Durch die Unbeweglichkeit, Arroganz und das Beamtentum wird es schwer, die Lage in den Schulen zu verbessern. In einigen Bundesländern reagiert man auf den Lehrermangel mit einem höheren Gehalt für Lehrer und der Bitte, doch mehr zu arbeiten. »Die reinste Form des Wahnsinns ist es, alles beim Alten zu lassen und gleichzeitig zu hoffen, dass sich etwas ändert«, sagte Albert Einstein.[46]

Alternative Schulen entlasten die staatlichen Schulen und gleichzeitig sind sie Vorreiter eines neuen, offenen Systems. Der Ausbau einer vielfältigen Schullandschaft wäre zukunftsweisend. In

---

46 Vgl. https://gutezitate.com/zitat/163612

ganz Deutschland gibt es viele leer stehende Schulgebäude, die zu einer Lernlandschaft umgebaut werden könnten. In einer freien Schule arbeiten in der Regel pädagogische Mitarbeiter, die eine besondere Ausbildung vorweisen können. Eine Ausbildung nach Montessori, zum LRS-Trainer, Achtsamkeitstrainer, Naturpädagogen usw. sind eine sinnvolle Ergänzung zu den Lehrern, die über ein Erstes und Zweites Staatsexamen verfügen. Die Entlastung für die Regelschule wäre enorm, weil die Schülerzahlen sinken. Außerdem können die alternativen Schulen die besonderen Kinder, die mehr Bewegungsmöglichkeiten und Freiraum benötigen aufnehmen.

Bedingung wäre eine finanzielle Gleichstellung zwischen den staatlichen und den privaten Schulen. Mit der Genehmigung müsste das Bundesland Geld für Schüler und Lehrer zur Verfügung stellen und möglicherweise auch ein Gebäude. Es ist nicht gerecht, dass sich die alternativen Schulen in der Regel die ersten drei Jahre selbst finanzieren müssen. Wo ist die Gleichbehandlung? Geht es hier nicht um das Wohl der Kinder? Fordert nicht das öffentliche Interesse Bildungsgerechtigkeit?

Eine Schule ist ein Mikrokosmos der Gesellschaft. Dort können Kinder und Jugendliche ausprobieren, wie Menschen miteinander leben. Das gelingt, wenn sich die Schüler wohlfühlen, sie gesehen werden und sie die Schule als eine Erweiterung des eigenen Lebensraumes erleben. Besonders jüngere Kinder brauchen Schulen direkt vor Ort und ohne lange Anfahrtswege. Wenn der Staat die Gründungen von privaten Schulen unterstützt, entsteht eine neue Schullandschaft, die sich langfristig positiv auf die Regelschulen auswirken wird. In den staatlichen Schulen besteht kaum eine Veränderungsbereitschaft. Außerdem sind die Lehrkräfte oft nicht in der Lage, nach einem freieren System zu arbeiten. Das Konzept der Kulturellen Schule würde sie überfordern. Deshalb sollten die ersten Kulturellen Schulen in freier Trägerschaft neu gegründet werden.

Die Konzepte der freien Schulen, wie der *Aktiven Schule* oder der *Demokratischen Schule,* sind innovativ und sollten immer ihren Experimentalcharakter behalten. Die Kulturelle Schule, als Schule in freier Trägerschaft, ist so konzipiert, dass sie zunächst als Vorreiter agiert. Weil sie aber den Erlassen der staatlichen Schulen entspricht, kann das Konzept ebenso auf diese übertragen werden. Sie wäre eine Art Bindeglied zwischen Innovation und Reform der Regelschule. Die Kulturellen Schulen würden starten und nach vielleicht drei Schuljahren könnten Lehrer und Kollegien der Regelschule hospitieren und sich in Workshops mit den Methoden auseinandersetzen. Vielleicht bieten die Kulturellen Schulen auch *Schulerfahrungswochen* an, in denen sich Eltern mit Kindern, Pädagogen und Schulgründer einen Eindruck von dem Schulalltag verschaffen können.

Reformen beinhalten viele kleine Veränderungen, die über einen langen Zeitraum nacheinander umgesetzt werden. Die Zeit ist aber abgelaufen, jetzt wird eine Revolution gebraucht. Dazu ein kleines Beispiel. Es hat ein ganzes Schuljahr gedauert, ein Kollegium zu überzeugen, dass ein ritualisierter Morgenkreis pädagogisch wertvoll ist. Nachdem endlich die Vereinbarung getroffen wurde, dass jede Klasse morgens nach demselben Ablauf im Sitzkreis den Schultag beginnt, sollte das Ritual verschriftlicht und damit verbindlich werden. Hat nicht geklappt. Keine Zeit. Zu viel Arbeit. Wie sieht es dann mit wirklichen Reformen aus? Kann sich irgendjemand vorstellen, dass dieses Kollegium irgendwann kompetenzorientiert und individualisiert arbeitet?

Die Kulturelle Schule arbeitet mit ausgebildetem Personal, trotz Lehrermangel. Der Schulalltag ist gelebte Inklusion und produziert keine weiteren Diagnosen. Die Schüler werden zu den Gestaltern der Zukunft, weil sie sich zu individuellen, teamfähigen, handlungsorientierten Persönlichkeiten entwickeln dürfen. Die Kulturelle Schule stellt Bildungsgerechtigkeit her. Für Schüler und für engagierte Lehrkräfte. Revolution! Yeah!

Bis dahin sollten die staatlichen Grundschulen versuchen, zumindest die Kulturtechniken zu vermitteln. In Deutschland sollte jeder Mensch lesen, schreiben und rechnen können. Jeder siebte Mensch in Deutschland ist funktionaler Analphabet. Sie können nur ihren Namen und einfache Wörter schreiben, aber keine Texte lesen und verstehen.[47] Das liegt selbstverständlich nicht immer ausschließlich an der Arbeit der Grundschullehrer. Vielleicht wäre es auch sinnvoll, wenn die Regelschulen die Lernfreude und Neugierde der Kinder nicht ganz zerstören würden. Hilfreich wäre dabei, wenn sich die Lehrkräfte mit ihren eigenen Softskills[48] auseinandersetzen würden. Denn wie steht es eigentlich um die Kompetenzen der Lehrer bei der ganzen Diskussion um gelingende Kompetenzorientierung? Was für Kinder gut ist, muss auch für Lehrer gelten.

---

47 Vgl. https://www.aktion-mensch.de/dafuer-stehen-wir/was-ist-inklusion/analphabetismus#:~:text=Die%20Fakten%201%20Jeder%20siebte%20Erwachsene%20in%20Deutschland,mehr%20als%20die%20H%C3%A4lfte%20einen%20Job.%20Weitere%20Elemente (abgerufen am 31.03.2023)

48 Softskills sind soziale Kompetenzen. Hardskills sind fachliche Kenntnisse.

Ein duales Studium verbindet die Ausbildung an der Universität mit einer Ausbildung in der Praxis. Lehramtsstudierende würden von der Realitätsnähe profitieren und die Schule von neuen Lernmethoden. Sobald das Schulsystem schülerzentriert arbeitet, können pädagogische Mitarbeiter und Studierende Lehrer unterstützen, ohne eine zusätzliche Belastung für den Lehrer zu sein. In einem lehrerzentrierten Unterricht hat der Lehrer meist keine Zeit, sich um zusätzliche Kräfte zu kümmern, die er anweisen müsste, und verzichtet deshalb lieber auf eine Hilfe. Die Studierenden würden vorbereitet in das Referendariat gehen. Vermutlich sinkt dann auch die Selbstmordrate[49]. Die Noten aus dem Ersten und Zweiten Staatsexamen sagen nichts über die Empathie- und Teamfähigkeit und auch nichts über das Engagement und die Flexibilität aus. Würde ein »Bestanden« oder ein »Mit Auszeichnung bestanden« nicht ausreichen? Weder Schüler noch zukünftige Lehrer haben es verdient, be- und entwertet zu werden. Außerdem kommt heute sowieso scheinbar jeder durch die Prüfung, egal ob geeignet oder nicht. Kindererziehung ist Selbsterziehung. Eine zukünftige Lehrkraft würde bereits im Studium wahrnehmen, ob sie dem Anspruch gewachsen ist. Verfügt sie über ausreichend Menschenkenntnis, kann sie auf Kinder eingehen und gleichzeitig die Rechte der Kinder wahren. Einschränkungen der Kinderrechte dürfen nicht zugelassen werden. Sie sollten eine Selbstverständlichkeit sein. Es sollte das Recht auf absolute Unbeschwertheit für unsere Kinder gelten.

---

49 Vgl. Gerstenberg, Frank: »Lehrer im Referendariat – Die schlimmste Zeit meines Lebens«; in: *Süddeutsche Zeitung*, 2010. https://www.sueddeutsche.de/karriere/lehrer-im-referendariat-die-schlimmste-zeit-meines-lebens-1.592394 (abgerufen am 31.03.2023)

Während der Coronapandemie 2020/2021 wurden in meinen Augen Kinderrechte verletzt. Die Längsschnittstudie COPSY[50] befasst sich mit den Auswirkungen der Coronapandemie auf die psychische Gesundheit von Kindern und Jugendlichen. Zwischen Mai/Juni 2020 und September/Oktober 2022 wurden fünf Befragungen durchgeführt. Prof. Dr. Ravens-Sieberer veröffentlichte im Winter 2020/2021 die ersten Ergebnisse aus der ersten Befragung im Mai/Juni 2020 (Welle 1) und stellte fest, dass sich 69,9 Prozent der Kinder und Jugendlichen durch die Maßnahmen in der Pandemie stark belastet fühlen würden. Eine verringerte Lebensqualität nahmen 40,2 Prozent der Befragten wahr, die Zunahme an psychischen Problemen betraf 17,8 Prozent und 24,1 Prozent klagten über Angstzustände. Insgesamt schienen jüngere Kinder stärker betroffen zu sein und mit zunehmendem Alter nahmen emotionale Probleme besonders bei Mädchen zu. Psychische Auffälligkeiten verstärkten sich deutlich im Zusammenhang mit einem niedrigen sozioökonomischen Status, Migrationshintergrund oder zu kleinem Wohnraum.[51]

---

50 »Die COPSY-Längsschnittstudie untersucht die Auswirkungen und Folgen der COVID-19 Pandemie auf die psychische Gesundheit von Kindern und Jugendlichen in Deutschland. Die Studie wird von Frau Prof. Dr. Ravens-Sieberer geleitet und von der Forschungsabteilung Child Public Health am Universitätsklinikum Hamburg-Eppendorf durchgeführt.« Vgl. https://www.uke.de/kliniken-institute/kliniken/kinder-und-jugendpsychiatrie-psychotherapie-und-psychosomatik/forschung/arbeitsgruppen/child-public-health/forschung/copsy-studie.html (abgerufen am 31.03.2023)

51 Vgl. Auswirkungen der COVID-19-Pandemie auf Lebensqualität und psychische Gesundheit von Kindern und Jugendlichen in Deutschland. SpringerLink. https://link.springer.com/article/10.1007/s00787-021-01726-5 (abgerufen am 31.03.2023)

Die zweite Befragung (Welle 2) fand im Winter 2020/2021 statt, nachdem die Ergebnisse der ersten Befragung veröffentlicht wurden. Die emotionalen Probleme hatten zugenommen. Jetzt nahmen 47,7 Prozent der Kinder und Jugendlichen eine verminderte Lebensqualität wahr, 30,9 Prozent zeigten psychische Auffälligkeiten und 15 Prozent depressive Symptome. 30,1 Prozent der befragten Kinder und Jugendlichen beschrieben Angstzustände. Anhand der folgenden Befragungen (Wellen 3–5) wurde deutlich, dass sich die emotionalen Probleme im Verlauf der Pandemie entsprechend dem Umfang der Hygienemaßnahmen entweder entspannten oder auch anstiegen, aber insgesamt deutlich über dem Schnitt von vor der Pandemie blieben.[52]

Irgendwie scheine ich die Situation in der Schule im Winter 2020/2021 richtig eingeschätzt zu haben, als ich in meiner Remonstration beschrieb, dass unsere Schüler immer leiser und trauriger werden. Es ist bitter zu lesen, dass die Lehrer meiner damaligen Schule in einer Stellungnahme[53] angaben, dass die Schüler während der ganzen Pandemie *fröhlich, ausgelassen* und *unbeschwert* gewesen seien.

Die Folgen der Pandemie stellen eine Herausforderung dar, der mit einer neuen Art der Beschulung begegnet werden muss. Die Schule muss sich für neue Konzepte öffnen und für Menschen,

---

52 Vgl. »Zwei Jahre Pandemie: Die psychische Gesundheit und Lebensqualität von Kindern und Jugendlichen – Ergebnisse der COPSY-Längsschnittstudie«; in: Deutsches Ärzteblatt, 17.01.2023; https://www.aerzteblatt.de/archiv/229355/Zwei-Jahre-Pandemie-Die-psychische-Gesundheit-und-Lebensqualitaet-von-Kindern-und-Jugendlichen-Ergebnisse-der-COPSY-Laengsschnittstudie (abgerufen am 31.03.2023)

53 Leider kann man diese nicht öffentlich einsehen.

die vielleicht kein Erstes und Zweites Staatsexamen haben, aber die Qualifikation mitbringen, die wirklich nötig ist, um die Situation für unsere Kinder aufzufangen. Das Ziel des Bildungs- und Erziehungsauftrages sollten gelingende Beziehungen sein. Wenn die Schüler bereits in der Schule lernen, wie Menschen miteinander umgehen sollten und dass ein Mehrwert entsteht, wenn Menschen zusammen etwas bewirken, dann leben sie für die Zukunft. Eine neue Schule ist eine gute Möglichkeit, einen Ort zu erschaffen, der sich diesen Erziehungs- und Bildungsauftrag zur Aufgabe macht.

Liebe Leser, verspüren Sie vielleicht den Wunsch, eine neue Schule zu gründen? Dann tun Sie es! Haben Sie Zeit, Geld und Ressourcen? Fangen Sie gleich heute damit an. Sie brauchen ein Führungsteam. Suchen Sie sich ein oder zwei Menschen, die Ihre Vision teilen. Sammeln Sie Ihre Ideen und schreiben Sie sie auf. Als Nächstes besuchen Sie gemeinsam alternative Schulen und hospitieren einen Vormittag. Mit jedem neuen Schulkonzept wird Ihr Konzept eindeutiger und auch vielfältiger. Lassen Sie sich Zeit zur Inspiration. Tauschen Sie sich über die Beobachtungen während der Hospitationen aus und diskutieren Sie die unterschiedlichen Ansätze. Mit der Zeit werden noch weitere Interessenten die Gruppe erweitern. Die Rollen sollten klar verteilt und transparent sein. Ein Coaching zur Teamfindung kann von Vorteil sein und sich auf Dauer bezahlt machen. Gemeinsame Ausflüge mit der ganzen Familie oder die Teilnahme an Schulerfahrungswochen führen die Gruppe zusammen und gleichen die Zielvorstellungen aller Beteiligten ab. In der Regel gründen die Initiativen einen Verein, der eventuell später als Schulträger der Schule genutzt wird. Das pädagogische Konzept sollte am Ende im besten Fall aus pädagogischer und rechtlicher Sicht professionell überprüft werden.

Planen Sie ein Jahr für die Teamfindung, die Vision und das pädagogische Konzept ein. Im zweiten Jahr überprüft die Behörde Ihr Konzept und in Zusammenarbeit ergänzen Sie die Unterlagen. Sie suchen ein Gebäude und beschäftigen sich mit Themen wie Brandschutz und Barrierefreiheit. Sie schreiben einen plausiblen Finanzplan, bewerben Ihre Schulgründungsinitiative und suchen Bürgen für einen Kredit. Eine Schulgründung ist ein Lebensprojekt. Sie werden viel Zeit und Kraft investieren und Geduld brauchen, aber am Ende lohnt es sich. Für die Kinder. Für die Zukunft.

Liebe Lehrer, haben Sie tatsächlich das Buch zu Ende gelesen? Donnerwetter. Ich ziehe meinen Hut!

Bianca Höltje

Deine Kinder sind nicht deine Kinder.

Sie sind die Söhne und Töchter der Sehnsucht des Lebens nach sich selbst.

Sie kommen durch dich, aber nicht von dir, und obwohl sie bei dir sind, gehören sie dir nicht.

Du kannst ihnen deine Liebe geben, aber nicht deine Gedanken, denn sie haben ihre eigenen Gedanken.

Du kannst ihrem Körper ein Heim geben, aber nicht ihrer Seele, denn die Seele wohnt im Haus von morgen, das du nicht besuchen kannst, nicht einmal in deinen Träumen.

Du kannst versuchen, ihnen gleich zu sein, aber versuche nicht, sie dir gleich zu machen.

Denn das Leben geht nicht rückwärts und verweilt nicht beim Gestern.

Du bist der Bogen, von dem deine Kinder als lebende Pfeile abgeschickt werden.

Lass deine Bogenrundung in der Hand des Schützen Freude bedeuten.

Kahil Gibran, *Der Prophet*

7 |
Meine Remonstration

Bianca Höltje
XXX
XXX

Rektorin der XXX
XXX
XXX

XXX, 02.04.2021

Melden von Bedenken/Remonstration

Sehr geehrter Herr XXX,

seit einem Jahr setzen wir in der Schule Maßnahmen zum Schutz
vor Neuinfektionen mit dem Coronavirus um. Im August hatte ich
ein Konzept mit fünf Stufen erarbeitet. Mein Ziel war, möglichst
lange einen normalen Schulalltag zu bieten und nur schrittweise
die Kinder an die erhöhten Maßnahmen zu gewöhnen.
Nun sind wir seit November innerhalb meines Systems auf der
fünften Stufe und warten auf Lockerungen. Die Kinder leiden
unter den Maßnahmen und der Schulalltag gestaltet sich zunehmend schwieriger.

In XXX wurde das Jahr 2019 zum Jahr der Kinderrechte ausgerufen. Unsere Schüler*innen haben innerhalb eines Projekts Stühle zu jedem Kinderrecht gestaltet. Wir haben die Vereinbarung mit den Kindern getroffen, dass wir Lehrer*innen jedem Kind jedes Kinderrecht zugestehen. Dieser Forderung möchte ich weiter nachkommen, aber ...

Wo ist das Kinderrecht auf Bildung geblieben?
Wo ist das Kinderrecht auf Sport geblieben?
Wo ist das Kinderrecht auf Gesundheit geblieben?
Wo ist das Kinderrecht auf Freizeit geblieben?

Wir haben einige Kinder aus sozial schwachen Familien, die eng von uns betreut werden müssten. Diese Familien nehmen die Entbindung von der Präsenzpflicht an, oder verweigern die Notbetreuung oder den angebotenen Arbeitsplatz. Die Eltern verweigern alle Angebote und die Kinder leiden darunter. Der Zeitraum wird zu groß, um diesen Kindern noch helfen zu können. Neben den verpassten Unterrichtsinhalten nehmen die sozialen Kompetenzen der Kinder ab. Haben diese Kinder kein Recht auf Bildung? Wer setzt sich für sie ein?

Es ist uns wichtig, dass wir alle unsere Schüler*innen auffangen. X Kinder gehen eigentlich in den Ganztag. X Kinder spielen und lernen am Nachmittag in der Schule.

Kinder brauchen Kinder und die Möglichkeit, sich zu treffen, Sport zu machen, kreativ zu sein und auch frei zu sein. Das Vereinsangebot in XXX ist groß, aber davon wird nichts mehr angeboten. Was machen die Kinder zu Hause, wenn sie sich nicht treffen dürfen, wenn nichts angeboten wird? Was machen die X Kinder, sind die nun allein zu Hause?

Ich sehe, dass unsere Schüler*innen leiser werden. Wo ist das Kinderlachen geblieben? Niemand rennt lachend durch die Schule und ist übermütig! Die Kinder sitzen diszipliniert an ihrem Platz, tragen teilweise FREIWILLIG den ganzen Vormittag die Maske, gehen mit Abstand und langsam durch das Einbahnstraßensystem und folgen jeder Anweisung. Haben Kinder nicht ein Recht auf Unbeschwertheit?

Unsere Schüler*innen werden unbeweglich und leiden zunehmend unter Adipositas. Gerade jetzt ist Sportunterricht wichtiger denn je, aber leider nur in Ansätzen umsetzbar. Der Stundenplan ist halbiert, Abstand halten in der Umkleide schwierig, Kontakte müssen unterbunden werden und die Turnhalle kaum zu belüften [sic!]. Unsere Kinder brauchen aber Bewegung und Sport. Sie haben ein Recht auf Sport!

Darüber hinaus haben sie ein Recht auf Gesundheit. Jede Klasse hat eine eigene Parzelle auf dem Schulhof. Sie spielen und tragen dabei eine Maske. Sie dürfen nicht frei atmen. Ich habe diese Masken angeordnet, obwohl ich weiß, dass der Schaden größer ist als der Nutzen. Kinder brauchen frische Luft, sie müssen durchatmen können. Wer ein Herz hat, dem kommen die Tränen.
Am letzten Schultag vor den Osterferien hatte eine Schülerin Halsschmerzen und die Lehrerin schickte sie zu mir, damit ich sie abholen lassen könne. Das Mädchen hörte, wie ich mit der Mutter sprach und ich erklärte, dass es sich nur um eine Vorsichtsmaßnahme handele. In diesem Moment bekam dieses zehnjährige Mädchen Panik und fing an zu schreien und zu weinen, weil sie dachte, sie hätte Corona und müsse nun sterben. Sie hatte Todesangst! Wie soll ich damit umgehen? Sie hält Abstand, trägt Maske, hat keine Kontakte und hat Angst, zu sterben oder für den Tod ihrer Eltern verantwortlich zu sein. Was soll ich ihr sagen? Ich nähre doch ihre Ängste mit Hygiene- und Vorsichtsmaßnahmen und schüre sie weiter.

Die Kinder sollen nun zweimal die Woche zu Hause einen Coronatest machen. Wie fühlt sich dieses Mädchen, wenn sie auf das Ergebnis wartet? Die Ängste der Kinder und Eltern sind groß und werden unermesslich und diffus, wenn sie auf das Testergebnis warten, welches sich für einige Kinder wie ein Todesurteil anfühlen mag. Ja, so denken einige Kinder, besonders in bildungsärmeren Familien!

Wir haben Kinder, die sich morgens allein versorgen, die sicher nicht beim Testen unterstützt werden und auch sicher keine Bescheinigung zum Vorzeigen mitbringen. Diese Kinder sollen gleich separiert und dann in der Schule getestet werden. Wie fühlen sich diese Kinder? Was macht das mit Ihnen [sic!]? Wie reagieren die anderen Kinder darauf?

Ich bin verantwortlich für das Wohl aller Kinder, die die XXX-Schule besuchen, und ich möchte meiner Fürsorgepflicht nachkommen. Es ist mir unmöglich, die Verordnungen und Erlasse in Bezug auf Corona umzusetzen und gleichzeitig der Fürsorgepflicht nachzukommen. Deshalb möchte ich nun remonstrieren. Die Pflicht zum Masketragen und zum Testen sind rechtswidrig und ich habe Bedenken.

Es ist falsch, Kindern eine Maske aufzusetzen. Das schürt ihre Angst und ist ungesund.
Es ist falsch, Kinder ohne Symptome zu testen. Das macht ihnen Angst.

Es ist falsch, Kindern ihr Kinderleben zu nehmen. Sie haben ein Recht auf Bildung, Freizeit, Sport, Gesundheit und auf Unbeschwertheit.

Wer haftet für die Schäden, die schon entstanden sind und weiter zunehmen werden? Ich kann die Verantwortung nicht übernehmen. Ich bin Schulleitung, weil mir Kinder wichtig sind und weil ich Schule für Kinder machen möchte. Ich habe ein Ideal, eine Vision und will es gut und richtig machen und so geht es nicht. So wie es jetzt ist, macht es mich krank.

Ich werde kein Kind in der Schule testen und ich werde auch mich selbst nicht testen.

Mit freundlichen Grüßen
Bianca Höltje

Auf eine Antwort warte ich bis heute.

Literaturempfehlungen

Bücher

Baillet, Dietlinde: *Freinet praktisch. Beispiele und Berichte aus Grundschule und Sekundarstufe.* Weinheim, 1983.

Ehegartner, Gerald: *Kopfsprung ins Herz.* Bielefeld, 2019.

Frey, Gunda: *Das verstaatlichte Kind.* Kulmbach, 2022.

Friedrichs, Birte: *Praxisbuch Klassenrat. Gemeinschaft fördern, Konflikte lösen.* Weinheim, 2009.

Hüther, Gerald; Hauser, Uli: *Jedes Kind ist hoch begabt.* München, 2014.

Hüther, Gerald: *Mit Freude lernen ein Leben lang.* Göttingen, 2016.

Keller, Krampen, Surwehme (Hrsg.): *Das Recht der Schulen in freier Trägerschaft.* Baden-Baden, 2021.

Krautz, Jochen; Burchardt, Matthias: *Time for change? Schule zwischen demokratischem Bildungsauftrag und manipulativer Steuerung.* München, 2018.

Largo, Remo H.: *Lernen geht anders. Bildung und Erziehung vom Kinde her denken.* Hamburg, 2012.

Liebertz, Charmaine: *Mit Kopf, Herz, Hand und Humor. Das Konzept der ganzheitlichen Bildung;* in: Brockhaus. Wahnsinn Bildung. Brauchen wir eine neue Lernkultur? Gütersloh/München, 2012.

Neill, A. S: *Theorie und Praxis der anti-autoritären Erziehung. Das Beispiel Summerhill.* Hamburg: RoRoRo 1969.

Probst, Isabell: *Ausgelehrt. Ab morgen läuft die Schule ohne mich.* Norderstedt, 2019.

Spitzer, Manfred: *Die Smartphone-Epidemie. Gefahr für Gesundheit, Bildung und Gesellschaft.* Hamburg, 2018.

Spitzer, Manfred: *Wie Kinder denken lernen.* München, 2020.

Wild, Rebeca: *Freiheit und Grenzen - Liebe und Respekt.* Weinheim, 2010.

Wild, Rebeca: *Mit Kindern leben lernen. Sein zum Erziehen.* Weinheim/Basel, 2002.

Zeitschriften, Hefte, Artikel

»Individuell Lernen - Kooperativ arbeiten«, Friedrich Jahresheft WWVI 2018. Friedrich Verlag

»Kinder zeigen, was sie können. Zum Umgang mit Leistungen«, Heft 129. Grundschule aktuell. Zeitschrift des Grundschulverbandes. Februar 2015

»Landkarten des Lernens«, Heft 138. Grundschule aktuell. Zeitschrift des Grundschulverbandes. Mai 2017

»Räume zum Leben und Lernen«, Heft 135. Grundschule aktuell. Zeitschrift des Grundschulverbandes. September 2016

»Wahnsinn Bildung. Brauchen wir eine neue Lernkultur?« Brockhaus 2012

»Zeiten zum Lernen und Leben«, Heft 140. Grundschule aktuell. Zeitschrift des Grundschulverbandes. November 2017

Bachmann, Rüdiger: *www.potenzialeentfalten.de*. Kreßberg 2023

Zum Glück hat die kleine Katze Minka nach zwei Anläufen endlich beim tierliebenden Ehepaar Cornelia und Heinz-Gert ein wunderbares Zuhause gefunden. Wären da nicht schon die vier Kater Uwe Schnuwe, Mukki Mokker, Pitzmann Schlitzmann und Pauli, der Nachbarkater, könnte ihr Leben in ruhigen Bahnen verlaufen. Doch die Viererbande sorgt regelmäßig für aufregende Erlebnisse.

Story und Illustrationen folgen dem Verlauf der 4 Jahreszeiten. Die Illustratoren haben Frühling, Sommer, Herbst und Winter jeweils als Panoramabild gestaltet. Liebevoll, detailreich und farbenprächtig illustrierte Geschichten laden zum Erforschen der dargestellten Szenen ein.
Das Buch beschreibt das wunderbare Gefühl einer Gemeinschaft, in der sich alle unterstützen und gegenseitig helfen.

ISBN 978-3-98584-234-6

Was ist das denn...? Durch einen Zufall findet Erdmännchen Friedrich eines Tages heraus, dass die Welt nicht mit dem Zaun des Zoogeheges endet, in dem er seit seiner Geburt mit seiner Familie lebt.

Aufgeregt erzählt er den anderen von seiner Entdeckung und erlebt eine große Enttäuschung: Sie wollen nichts von der Welt außerhalb des Geheges wissen, sondern lieber weiterhin satt und zufrieden im Zoo leben.

Ganz anders Friedrich: Ihn hat die Neugier gepackt, er möchte unbedingt herausfinden, wie es auf der anderen Seite des Zaunes aussieht und was es dort zu erleben gibt. Also beschließt er, die Welt außerhalb des Geheges auf eigene Faust zu erkunden.

Das aber ist nicht so einfach. Sein erster Ausbruchsversuch scheitert jämmerlich. Doch Friedrich ist ein Kämpfer und gibt nicht so leicht auf. Da kommt ihm das Glück in Gestalt der Krähe Carola zu Hilfe. Sie erzählt Friedrich von der bunten und aufregenden Welt außerhalb des Zoos, macht ihm die Flucht schmackhaft und bietet ihm an, ihn in die Freiheit zu fliegen.

»Als Erdmännchen in die Luft gehen? Ist das nicht viel zu gefährlich?«, fragt sich Friedrich, zögert und kämpft mit der Angst. Aber was, wenn er diese einmalige Gelegenheit verpasst? Wenn er nie wieder so eine Chance erhält?

Friedrich ist hin- und hergerissen, doch am Schluss siegen seine Neugierde und sein Tatendrang. Zusammen mit Carola hebt er ab, steigt in den Himmel und lässt sich auf das Abenteuer seines Lebens ein...

Mit 38 traumhaft schönen Illustrationen.

ISBN 978-3-98584-230-8

MARC BERNOT

FREIHEIT
TRAUM UND WIRKLICHKEIT

Eine Dokumentation in 176 Bildern 2021–2022

Seit dem Jahr 2020 gibt es nicht nur in Deutschland eine fortwährende Reihe von Grundrechtseinschränkungen, wie man sie in einer Demokratie niemals erwartet hätte. Das Grundrecht auf freie Meinungsäußerung, das unter anderem als Demonstrationsrecht in Artikel 8 des Grundgesetzes verankert ist, wird entweder durch abstruse Auflagen beschnitten oder mit fadenscheinigen Argumenten und Unterstellungen seitens der Behörden vollständig ausgehöhlt. Der Staat wird immer autoritärer, seine Politiker bevormunden die Bürgerinnen und Bürger und die Leitmedien definieren im öffentlichen Diskurs einen Meinungskorridor, innerhalb dessen man sich zu bewegen hat.

Dieser ungewöhnliche Fotoband dokumentiert das Demonstrationsgeschehen auf den Straßen von Berlin, Hannover, Leipzig, Dresden usw. Er zeigt mutige Menschen, die ein freies und selbstbestimmtes Leben wollen. Es sind Menschen, die direkt mit der Staatsmacht konfrontiert werden. Er zeigt die Sorgen und Ängste, die die Menschen auf die Straße treiben. Und er zeigt die Machtspiele eines Staates, der den Kontakt zu seinen Bürgern bereits völlig verloren zu haben scheint.

ISBN 978-3-98584-236-8

Woran liegt es, dass das Gesetz der Anziehung bei manchen Menschen zu funktionieren scheint, bei den allermeisten von uns jedoch nicht?

Das Gesetz der Anziehung ist heute ein Bestandteil der populären Kultur. Kinofilme wie »The Secret« und Bestsellerautoren wie Ruediger Dahlke, Stephen Covey, Pierre Franckh und selbst Money-Coach Bodo Schäfer beziehen sich immer wieder darauf. Sogar Social-Media-Größen und Influencer wie Christian Bischoff, Verkaufstrainer Dirk Kreuter und Business-Coach Dirk-Michael Lambert u. a. predigen den Nutzen dieses universellen Lebensgesetzes. Und sie haben recht damit!

Damit das Gesetz der Anziehung seine Wirkung entfalten kann, gehört jedoch mehr dazu, als sich eine Sache einfach »nur zu wünschen« oder »ganz fest daran zu glauben«. Wir müssen z. B. eine bestimmte tiefgehende Art des Willens trainieren, genau wie einen Muskel im Sport. Diesem zentralen Erfordernis wurde bisher jedoch nur eine sehr geringe Bedeutung beigemessen.

Dieses Grundlagenbuch gibt eine genaue Anleitung und beschreibt, wie Sie das richtige Mindset entwickeln. Autor William Walker Atkinson war der Erste, der diese uralte Weisheit für unseren modernen Alltag übersetzt hat. Deswegen verdient dieses Buch zurecht das Prädikat DAS ORIGINAL!

ISBN 978-3-98584-232-2

Vera F. Birkenbihl

Über drei Millionen Menschen haben erfolgreich ihre Sprachkurse, Bücher, Tonaufnahmen sowie Videos angewendet, und über 350.000 Menschen haben sie in Vorträgen und Seminaren live erlebt. Ihre Bücher sind bis heute Bestseller. Auch die »Birkenbihl-Methode« zum gehirn-gerechten Fremd-sprachenlernen wurde von ihr entwickelt.

Sie war die Leiterin des Instituts für gehirn-gerechtes Arbeiten und zählt noch heute zu den ganz Großen der Seminar- und Coaching-Szene. Die Erfolgstrainerin studierte in den USA Psychologie und Journalismus und begann dort 1970 mit ersten Vorträgen und Seminaren in Industrie und Wirtschaft. Ende 1972 kehrte sie nach Europa zurück und führte ihre Seminartätigkeit sehr erfolgreich fort. Zu ihren Kunden zählten BMW, LBS, Sony, IBM, Procter & Gamble, Siemens, 3M, Henkel, Mercedes, Hewlett Packard u.v.a. Bis zu ihrem Lebensende im Dezember 2011 war sie als freie Autorin und Trainerin tätig.

GEHIRN-GERECHT LERNEN? Ja, gern! Diese Sprachkurse sind etwas Besonderes, denn die Birkenbihl-Methode beruht auf dem gehirn-gerechten Lernen. Vergessen Sie stures Pauken: In vier einfachen Schritten erfassen Sie die Grundlagen der neuen Sprache intuitiv wie beim Erwerb Ihrer Muttersprache. Mit diesen Sprachkursen haben Sie wirklich Spaß beim Lernen! Die abwechslungsreiche Geschichte, die in diesem Sprachkurs erzählt wird, kombiniert mit der hunderttausendfach erprobten Birkenbihl-Methode, bringt Sie schnell zum gewünschten Erfolg!

Besuchen Sie unsere Website für online-Sprachkurse:
www.birkenbihl-sprachen.de

Sie möchten lieber Birkenbihl-Sprachkurse auf CD und mp3-Format?

Mehr Infos und weitere Sprachen auf:
www.klarsicht-verlag.de

Das Anti-Ärger-Buch ist ein konkurrenzloses Feuerwerk kluger Ideen, aber auch ein Leitfaden auf der Entdeckungsreise zu sich selbst und für ein ausgeglicheneres, entspannteres Leben.

Ärger schadet uns und unserem Immunsystem. Deshalb ist es wichtig – auch um unserer Gesundheit willen – zu lernen, bewusst mit ihm umzugehen. In den vier Jahrzehnten ihrer Arbeit hat Vera F. Birkenbihl eine Fülle von alltagstauglichen Anti-Ärger-Strategien entwickelt, von denen sie hier die 59 besten präsentiert. Statt sich jeweils nur auf Theorie oder Praxis zu beschränken, liefert das vorliegende Buch sowohl eine interessante Einführung in die wissenschaftlichen Grundlagen als auch einen umfangreichen Praxisteil. Schon der Blick ins Inhaltsverzeichnis gibt einen Vorgeschmack auf die überraschende Bandbreite der vorgestellten Anregungen und Methoden. Das herausnehmbare »Gefühlsrad« zeigt Ihnen zudem, in welcher Stimmungslage Sie sich gerade befinden – ein spielerischer und zugleich ernsthafter Weg, sich mit seinen Emotionen auseinanderzusetzen.

ISBN 978-3-98584-237-7

Überarbeitete Neuauflage! Im ersten Teil dieses Buches zeigt die Bestseller-Autorin anhand zahlreicher Fallbeispiele, wie wichtig Sprachbilder und emotional ansprechende Geschichten – also Storys – für jeden von uns sind. Dies gilt auch für Menschen, die das nicht glauben wollen, denn Storys beeinflussen unser Denken und Handeln ganz unmittelbar. Sie prägen unser Weltbild und die Art, wie wir uns selbst sehen. Im zweiten Teil gibt uns Vera F. Birkenbihl einige Storys mit auf unseren Lebensweg.

Dieses Buch ist ein Buch-Seminar: Es enthält alles, womit wir unser Privatseminar gestalten können, inklusive kleiner Trainingsaufgaben. So stellen sich sofort prägende Aha-Erlebnisse ein und wir haben Spaß an den Veränderungen, die dieses Buch bewirkt.

»Die Macht der Geschichten sollte jedem, der mit Menschen zu tun
hat und sich selbst besser verstehen will, bewusst sein.
Absolut empfehlenswert!«

»Die Autorin ist glücklicherweise KEINE trockene Theoretikerin.
Nicht nur wer häufig Vorträge hält oder Gruppen motiviert,
sondern auch wer sich sozial weiterentwickeln will, wird dieses Buch
sehr schätzen.«

ISBN 978-3-98584-200-1

Sprachenlernen – aber bitte gehirn-gerecht! Der bekannte Birkenbihl-Klassiker! Sprachenlernen muss weder schwierig noch zeitraubend sein und ist viel einfacher, als du bisher gedacht hast. Denn die Birkenbihl-Methode zum gehirn-gerechten Sprachenlernen zeigt einen Weg, den sogar Lernmuffel gehen können:

–> Vokabelpauken ist verboten.
–> Bis zu 75 % der Lernarbeit wird an das Unterbewusste delegiert und damit eingespart.
–> Grammatiklernen ist unnötig (wenn auch erlaubt).

Mit dieser Anleitung der bekannten Coaching-Koryphäe Vera F. Birkenbihl kann jeder schnell und mühelos Fremdsprachen lernen! Vera F. Birkenbihl hat nach dieser erprobten Methode einige Sprachkurse konzipiert (u. a. Englisch, Französisch, Spanisch, Italienisch), die beim Klarsicht Verlag erhältlich sind – du kannst also sofort loslegen!

ISBN 978-3-98584-202-5